嫌な男あるある

じわじわムカつく言葉200

はじめに

こんにちは。僕は吉本興業所属のお笑い芸人、たつろうです。ピン芸人の39歳・アラフォー男です。

僕は普段は東京・渋谷のヨシモト∞ホールなどの劇場に立つほか、あるあるクリエーターとしてSNSであるあるネタの動画を投稿しています。

おかげさまでYoutubeの登録者数は36万人を超え、僕のあるあるをたくさんの人が観てくれるようになりました。そして今回、初めて書籍を出版することになりました。

まずは、この本を手に取って買っていただいた皆さま、本当にありがとうございます。

僕を知らない人もたくさんいると思うんですけど、フジテレビの『ザ・細かすぎてわからないモノマネ』によく出させていただいてます。ありがたいことに第一回で優勝しました。

そのときのネタは

「コンビニでタバコを買う時、のど自慢みたいになる人」

「自転車を撤去された人」

「空中に文字を書く人」

そんな感じで僕の芸風は日常に転がっている、みんなが気付かないくらい些細だけど確かに〝あるある〟なことを拾っていくスタイルです。

この本のタイトルは『嫌な男あるあるある』。編集の方によると、僕のネタの中でも特に嫌な男の再現が印象に残ったそうです。Youtubeにこれまで2000本ほどネタを上げてきましたが、言われてみれば確かに……嫌な男、けっこうありましたね。

「おすすめ聞いといて頼まない人」

「謝ってからバカにする上司」

「女子がいる飲み会だけお酒飲む奴」

「『寝なぁ?』って言ってくるけど本当は自分が寝たい彼氏」

とか。いかにも嫌な奴っていうより、ちょっとわかりづらい嫌な奴が多いですね。

ここに登場する嫌な男は、そんなあとになってじわじわムカついてくるような男たちです。

そこには、

●モテたい　●見栄を張りたい　●マウント取りたい　●ごまかしたい

みたいな邪念を隠したいが故に男が発した「なんか引っ掛かりを感じる言葉」がたくさん出てきます。ページをめくっていけば、何かしら思い当たる言葉があるんじゃないでしょうか……。

じつはこの言葉を決めるまでにけっこう苦労しました。動画の文字起こしのまんまだとしっくりこなくて、ほとんどのネタを加筆・修正したと思います。それに書き下ろした新ネタもどんどん増えた結果、200あるあるになりました。

言葉だけでなく写真もたくさん撮りました。ページには飲み友達、バイトの先輩、会社の上司、デート中の彼氏……いろんなシチュエーションの男たちが出てくるんですけど、それぞれが「嫌な男あるある」なことを言ったときの表情やしぐさを全力で再現しました。本のためだけに全部撮りおろしました!

というわけで、パッと見てもじっくり読んでも楽しめるものになったと思うので、笑ってもらえたらうれしいです。

よく「あるあるネタはどうやって集めてる？」、「カフェで人間観察とかしてるの？」って聞かれるんですけど、あえて人間観察はしていません。

じつは、今やっているあるあるは「自分」をやってることが多いんです。

例えば、かっこつけようとするけど失敗しちゃう系のネタ。僕の経験を再現してみたら、みんなからあるあるだって思ってもらえることがあります。あとは逆に被害側のネタもけっこう自分あるあるで、本に収録している「ねぇ、あの子何もできないよー」は、昔バイト先で言われたような気がします……。

そんな人とのコミュニケーションでこじらせてきた僕の経験がネタに生かされているので、人間関係で悩みがちな人も共感してくれたらいいなと思います。これを読んでストレス発散していただきたいです！

『嫌な男あるある』の他にも、せっかくの機会なので僕の生い立ちからお笑い芸人になるまで、その後あるクリエーター・たつろうはどのようにして爆誕したのか、今に至るまでの紆余曲折もお話ししたいと思います。自分的にはドラマチックさに欠けた人生だと思いますが、よかったら読んでください。

おまけに……。

あるあるし過ぎて本当のたつろうがわからないという「僕あるある」に応えて、素の表情を撮ってもらった写真を載せてますがどうでしょう？　素に見えますでしょうか……。ぜひ、感想をお寄せください。

たつろう

目次

Chapter 1

ふとした日常編

嫌な男あるある

折れてたらもっと腫れてるよ

友達が負傷してるのになんか冷静な男

友A：いててて……。
友B：大丈夫⁉
友C：歩ける？　ちょっと、みんなで肩貸してあげよう！
友D：だいぶヤバそうだね……。骨折してるかもね。
友B：とりあえず病院だね……。
男：それ、折れてないと思うよ。
友一同：……？
男：おれ何回も骨折したことあるからわかるけど、折れてたらもっと腫れてるよ。
友一同：……。
友C：どっちにしろ早く病院連れてったほうがいいだろ！
男：まぁ、一応そうね。
友一同：……。

おれ、富山出身だけどもっと降るよ

東京に雪が降ると出てくる雪国出身の男

友：え!? 雪やば！ めっちゃ積もってんじゃん！
男：おれ、富山出身だけどもっと降るよ。こんなもんじゃないから。
友：……そうなんだ。でも東京でこんな降ることないよね。
男：こんくらいでビビんなよw
これだから東京出身の人はw
友：おれ千葉出身だけど……。
男：これだから関東出身の人はw
友：……。

それ、シャツインするやつなw

シャツインすればお洒落になると思ってる男

男：なんでシャツ出してんの？w
友：え……？
男：それシャツインするやつなw
友：そうなの…？　でも店員さんには出したほうがいいって言われたよ。
男：マジ？　その店員まちがってんじゃね？
友：いや、めっちゃお洒落な店員さんだったよ。
男：マジか〜。いやおれ、基本シャツ出してんのは全部ダサいと思ってっからさw
友：いやそんなことはないんじゃない……？

店員さん こいつ 垢抜けさせて くれませんか？

勝手にプロデュースしてくる男

男：すいませ〜ん。
店員：いらっしゃいませ。
男：店員さん、こいつ垢抜けさせてくれませんか？
店員：……はい？
友：いや、いいって。
男：こいつ顔は良いと思うんすけど、なんかダサいんすよねw
店員：あー。
男：どこをどうしたらいいすかね？　とりあえずシャツインしたほうがいいっすよね？
店員：いえ、それは出してるほうがいいと思います。
男：マジすか!?
友：……帰ろ？
男：うん帰ろ、ここダメだ。
友：……。

おれチャリで行くわ

1人だけチャリで行こうとする男

友A：じゃあみんな、明日朝10時に舞浜駅集合で！
男：あ、おれ現地集合でもいい？シーじゃなくてランドだよね？
友B：え？　何で……。
男：あ、おれチャリで行くわ。
友C：マジで……？
男：うん、電車代もったいないし。
友B：遠くない？
男：いや、飛ばせば家から2時間くらいでいけると思う。
友C：めっちゃ遠いじゃんw
男：そーお？　ままま、運動にもなるしね。じゃまた明日ね～。
友一同：……。
友A：あいつ……。ああいうところあるよな。

ごめん先行くねー

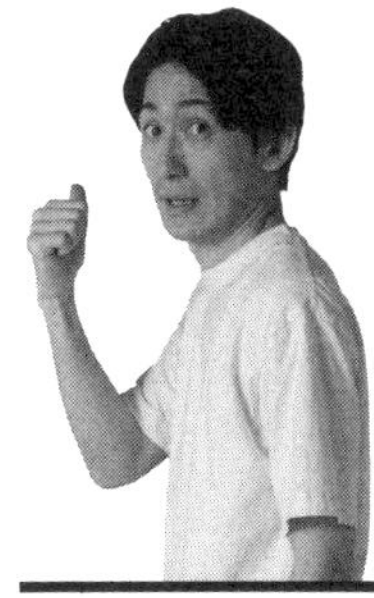

改札で引っかかった友達を置いてく男

（改札で。キンコーン）
友：あ、チャージ足りんかった。
男：**まじで。**
友：ごめん、チャージしてくるわ。
男：**ごめん、先行くねー。**
友：え……？
男：**今日どうしても、この14分発の電車で帰りたいからさ。**
友：あ…オッケイ。じゃ、またw
男：**（無言で手だけあげる）**
友：……。

おーい！ 何してんのぉ？ 飲み会帰りぃ？

ホームの反対側から話しかけてくる男

男：**おーい！　田中ぁ！**
友：…お、おぅ（手をあげる）。
男：**何してんのぉ？　飲み会帰りぃ？**
友：（小さめの声で）うん、ままま。
男：**えー!?　何ー？　飲み会？**
友：うんうん（大きく頷く）。
男：**コンパぁ!?**
友：しー！　うるさいから（苦笑）。
男：**可愛い子いたぁ!?**
友：……。
男：**いたのー？**
友：（その場を離れる）
男：**あれ？　おーい！　田中〜!!**

お店の場所わかった？まだ？ういす

絶対に自分で道調べない男

男：お店の場所わかった？
友：（スマホでお店までの道を調べる）いや、ちょっと待って。
男：まだ？　うぃす。
友：……ちょ、お前も。調べてくんない？
男：わりぃ、ケータイの充電ない。
友：まじ？
男：まじ。いや全然大丈夫よ。全然待つよ。
友：……。

なぜ上の立場？

本当に映画観たい？

映画観たくなくなっちゃった男

友：あ、今これもやってんだ？　こっちも観たいな～。
男：**……。**
友：面白そうじゃない？
男：**……本当に映画観たい？**
友：は？
男：**いや、映画観ようって言ってたけど、別に映画にこだわる必要もないなと思って。**
友：……観たくないの？
男：**いや？　おれはどっちでも。**
友：観たくないならいいよ
男：**いや、本当どっちでもいいw　ただお前が本当に映画観たいと思ってるのか知りたかっただけ。**
友：……観たいよ。
男：**……なるほど。**
友：……観たくなくなったなら言えばいいじゃん！

結局、観たら面白いから観よ

こないだ大宮でおまえにそっくりなやつ見たよ

リアクションに困ること言ってくる男

男：そういえばさ、こないだ大宮でおまえにそっくりなやつ見たよw
友：……まじで？
男：うん、めちゃくちゃ似てて、声かけそうになったw
友：まじか、はは。
男：え、あれおまえ？w
友：いや、ちげーからw
男：でもめちゃくちゃ似てたな〜。
友：あそう……。
男：うん。あれ、たぶん親戚かなんかだぞw
友：大宮に親戚いねーから。
男：いや知られざる親戚w　ぐふふふふw
友：……。

お兄さん、駅前のコンビニで働いてますよね？

オフのときのコンビニ店員に話しかける男

（街中）

男：あれ…？　あの、すいません。

店員：はい……？

男：お兄さん駅前のコンビニで働いてますよね？

店員：あ……はい。

男：やっぱり！　どっかで見たことあるなと思ったんすよ！

店員：……はは。

男：買い物すか？

店員：まぁそうっすね……。

男：へ〜！　買い物とかするんですね！　そりゃするか！　はっはっはw

店員：……。

ああいうやつシカトでいいから

居酒屋のキャッチ断るとき強気になる男

男：いや〜、映画めっちゃ面白かったね〜。
友：最高だったよね〜。
キャッチ店員：お兄さんたち居酒屋お探しじゃないですか？
友：あ、探してないです〜。
男：シッシッ！　失せろ！
友：……。
（退散するキャッチ）
男：ああいうやつシカトでいいから。ああいうクズは。
友：う、うん……。

最近どう？忙しい？

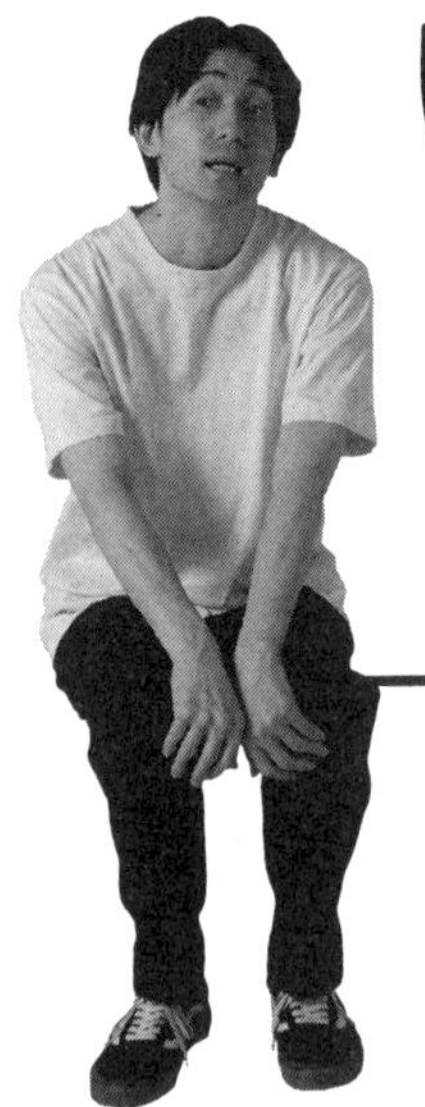

明らかに年上のタクシー運転手にタメ口の男

男：最近どう？　忙しい？
運転手：……いや〜まぁ、ぼちぼちですかね。
男：まぁ、不景気だもんね〜。
運転手：そうですねぇ。
男：お父さんこの業界長いの？
運転手：えぇ。もう30年以上ですかねぇ。
男：あ〜、まだまだ頑張んないとね！
運転手：……。
男：上には上がいるからね〜。
運転手：……ははは。

僕ね、転職するんすよ

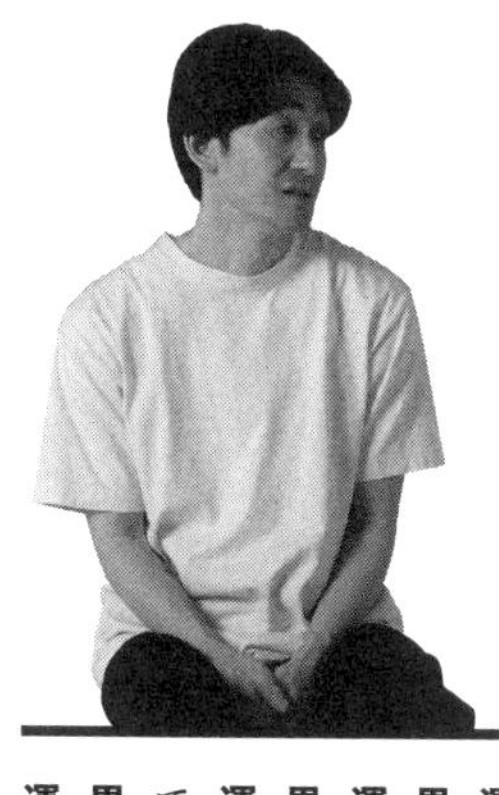

タクシー運転手に語り出す男

運転手：じゃあ、山手通りのほうからでよろしかったですか？

男：ええ。

運転手：かしこまりました。

男：僕ね、転職するんすよ。

運転手：はい……？

男：今の職場じゃ成長できない気がして。

運転手：…そうなんですね。大変ですね。

男：今の職場に残るほうが大変ですよ。だって現状維持ほど怖いものないでしょ？

運転手：……ですね。

男：運転手さんはこの仕事長いんですか？

運転手：もう30年になりますね。

男：……。

運転手：……この業界もマイナーチェンジはしていってますけどね。

男：ですよね。

運転手：……はい。

運転手からするとその他大勢の中の一人ですよ

ゴー！今行けます！

タクシー運転手に指示を出す男

（右折待ちをするタクシー）
男：ゴー！　今行けます！
運転手：あ、いえ、バイク来てますから。
男：今！
運転手：……まだです、まだです。
（右折するタクシー）
男：さっきの隙間でいけたのに〜。
運転手：……ははは。

あっぶな！あっぶなー

すぐ「危ない」って言う男

（喫茶店）
女：（ボールペンを床に落とす）
男：**あっぶな！　あっぶなー。**
女：すいません。
男：**気をつけてよ～、あっぶなぁ。**
女：……すいません。
男：**そんな先の尖ったもの、目にでも刺さったら大ごとだよ!?**
女：すいません（そんな言うほどじゃねぇだろ）。
男：**いや～びっくりした。ケガするとこだった。**
女：……（しねぇよ）。

なるほど。じゃキーマカレーで

オススメ聞いといて頼まない男

男：すいません。
店員：はい、ご注文お決まりですか？
男：オススメとかってありますか？
店員：今ですと、こちらの牡蠣のパスタですね。期間限定となっております。
男：なるほど。じゃ、キーマカレーで。
店：……かしこまりました。キーマワン！　嫌な男ワン！

ライス単品？w どうせならクッパとかにすればいいじゃんw

焼肉屋で白ご飯を頼むのに否定的な男

友：あとおれ、ライスも頼もうかな。
男：**ライス単品？　どうせならクッパとかにすればいいじゃんw**
友：白ごはんで食べたいのよ。
男：**いや、せっかく焼肉屋来てんのにw**
友：……まままw
男：**せめてビビンバとかにすれば？w**
友：ま、でも……。白ごはんがいいかなw
男：**頑固w**
友：いや、頑固っていうか……w
男：**白ごはんなんて家でも食えんじゃんw**
友：……別に良くない!?

親世代とかに多いイメージです

おれの場合ぃ おれのば、あ、いぃ！

喋るタイミング被ったとき絶対譲らない男

友A：おれは歯磨きしてから朝飯食うタイプだな〜。
友B：まじで？　おれ食ってから磨くわ。結局汚れるじゃんw
友C：おれ……。
男：おれは……。
友C：おれは……。
男：おれは！　おれはぁ！
友C：……。
男：おれの場合ぃ、おれのば！　あ！　いぃ！
友一同：……。
男：食う前に磨いて、で、食ってからもう一回磨く！
友一同：……そっか。

ねぇねぇねぇ声のボリューム！

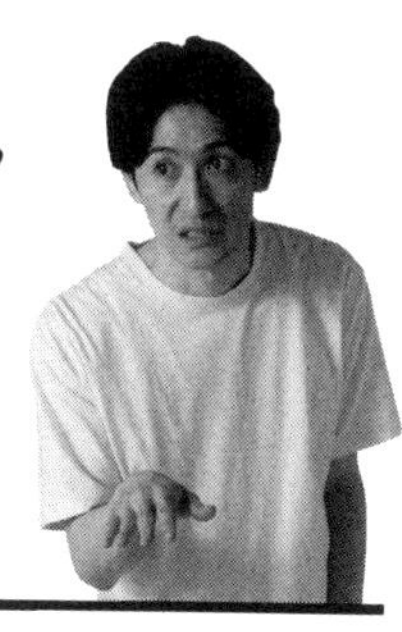

なんかいつも場を盛り下げてくる男

友：じゃあジャンケンで負けた人がジュース奢りね～！

男：ねぇねぇねぇ！

友一同：？？？

男：盛り上がるのはいいんだけどさ、声のボリューム！　考えよ？

友：いや、そんな大きい声出してないけど……。

男：1人は大きい声出してなくても、5人もいたらそりゃうるさくなるよ。

友：……ままま。じゃ、小さい声でやろ。

男：あと、それほんとに必要？

友：え…？

男：ジャンケン。

友：いや……。

男：音の出ないものにしたら？　あみだくじとか。

友一同：……。

失恋した友達とかにも冷たそう

おれ払うよ。みんなにはお世話になってるし

ノリが悪くて周りの人を冷めさせる男

友A：ジャンケンで負けたやつ、みんなのジュース買わない？
友B：いいね、やろ！
友C：ぜってぇ負けねぇぞ〜！
男：おれ払うよ、みんなにはお世話になってるし。
友一同：……。
友A：いやまぁ……せっかくだし、ジャンケンしようぜ。
男：みんな払いたくないんでしょ？　おれは払いたいんだもん。おれが払えばよくない？
友一同：……。

10円？ないさっき見たから。絶対ない

小銭の在庫に絶対の自信がある男

店員：お会計が1410円になります。

友：おまえ10円持ってない？

男：ない。

友：……一応、財布見てくんない？

男：いや、さっき見たから。絶対ない。

友：いや、見るだけ見てよw

男：（財布を中を見る）……あ、あったわ。

友：……。

いや絶対ここらへんにあるっしょ。……あれぇ？

意地でも店員さんに聞かない男

友：ねぇねぇ、店員さんに聞いたほうが早くない？
男：いや絶対ここらへんにあるっしょ……あれぇ？　どこだ耳栓。
友：ねぇ聞いたほうが早いって。
男：わかった！　旅行用品のところにあんだ！
友：旅行用品……？
男：あ、そんなコーナーないか…。え？　薬局に耳栓ないなんてことある？
友：だから聞こうよ。
男：あ、ヤバイねこの薬局、品揃え悪すぎだわ。
友：（店員さんに）すいません、耳栓ってありますか？
店員：こちらですね～。

だってぜんぜん見れるもん、ほら

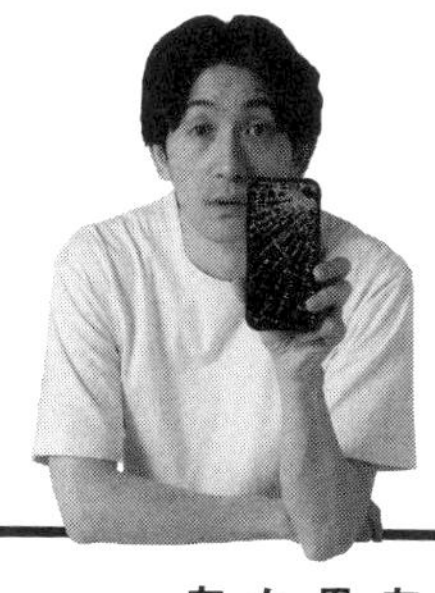

スマホの画面バキバキなのに絶対替えない男

友：え!? スマホの画面割れてない？
男：**いやだいぶ前ね、割れたの。**
友：替えないの？
男：**だってぜんぜん見れるもん、ほら。**（バキバキの画面を見せる）
友：いやバキバキじゃんw
男：**えっ？ そーお？**
友：……何も見えないけど。
男：**慣れたら意外と普通だよ？**
友：……。
男：**むしろ、こっちのほうがいいかも。**
友：なんで？

あー、おれこういう絵ダメなんだよね

マンガおすすめされて画風で断る男

友：このマンガめっちゃ面白いよ！　絶対おまえの好きなやつだと思う！
男：あーおれこういう絵ダメなんだよね。
友：あ、絵が苦手？
男：うん。
友：あー……ま、でも面白いから騙されたと思って一回読んでみ？
男：いや、絵が無理。
友：面白いのに……。
男：面白いまで辿り着けないのよ、絵がダメで。
友：そんなにクセがない絵だけどね……。

同じ服しか着ない。考えてる時間もったいないから

そんなに忙しくもないのに効率重視の男

友：あれ？　昨日も同じ服じゃなかった？
男：**あー、これ何枚も持ってる。同じ服しか着ない。考えてる時間もったいないから。**
友：……そんな忙しいの？
男：**まぁ色々やることもあるしね。**
友：例えば？
男：**競馬の予想とか。**
友：遊びじゃんw
男：**いや真剣だから！　月曜から1週間かかるから！**
友：……。

最近ミニマリストの動画観ただけ

そもそもモテたくないわ

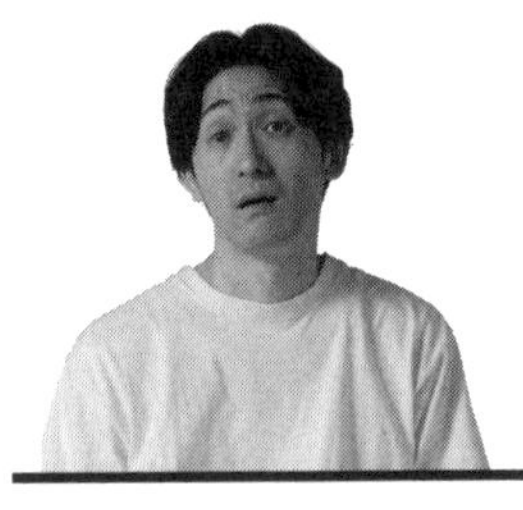

相手の会話に1ミリも乗らない男

同僚：さっきのオフィス綺麗だったなぁ。ああいう所で働きたいよな～。

男：いやまず働きたくねーわ。

同僚：……そりゃまぁね。でもああいう所で働いてたらモテそうじゃない？w

男：そもそもモテたくないわ、別に。

同僚：……。

男：一人に愛されればそれでいい。

同僚：…ま、でも、彼女は欲しいでしょ？

男：いらない。結婚相手は欲しい。

同僚：……。

人によるっしょ

元も子もないこと言う人

友A：てかさ〜、歯医者の受付の人ってみんな可愛くない？
友B：わかる〜w　みんな可愛いよな！
男：いや、人によるっしょ。
友AB：……。
友A：…まぁそうなんだけどさ。
友B：なんだろ、制服が可愛く見えるというかさ。
友A：あ、そうそう！
男：関係ないっしょ。人によるって。
友AB：……。

単純に面白かったで良くない？

作品の考察で楽しめない男

友A：あれさ、結局あの手紙は何だったんだろうね？
友B：普通に犯人の名前が書いてあったんじゃないの？
友A：え、でも読んだ時のリアクションがちょっと変じゃなかった？
友B：確かに！
友A：う〜ん……。
男：単純に面白かったで良くない？
友AB：……。
友人B：でも気になるじゃん。
友人A：あの手紙がキーになってそうだしさ。
男：それが謎ってのがいいんでしょ？　そこまで考えちゃダメなやつだと思うよ。
友AB：……。

いやそれを考えて楽しむタイプのやつだよ

えっおまえ知らねぇの⁉

最近仕入れた知識をさも常識のように言う男

友人A：あとどうしよっかな、ライスにしよっかな。
男：ターメリックライスに変更しなくて大丈夫？
友人A：えっ！　そんなんできんの？
男：えっお前知らねぇの⁉　できるよ、当たり前じゃんw　ねぇ？
友人B：いや、それおれがこないだ教えたやつじゃん。
男：そうだっけ……？
友人A：……。

抜け落ちてる常識とかありそうだね、その調子だと

って、こんな話おまえにしてもわかんないかw

散々語った後に捨てセリフ吐いてくる男

男：だからおれ、仕事そのものが目的じゃないと思うんだよね。
友：うんうん。
男：大事なのは、誰と仕事するか。つまり仲間。
友：なるほど。
男：だってどんなに仕事で成功しても一人だったらつまんないじゃん？
友：確かに。
男：そして大変な仕事だからこそ、その仕事でできた仲間ってのは、かけがえのない存在なんだよ。
友：うわ～なんか今グッときたわぁ。
男：って、こんな話おまえにしてもわかんないかw
友：なんで⁉

はい、おれわかるおれわかってる

クイズの答え先にわかって早く答えたい男

友人A：江戸時代の寿司屋の暖簾が汚れていたのは……?
男：**はい、おれわかる、はい、わかった。**
友人A：なぜでしょうか?
男：**もうわかった、おれわかってる、答えていい?もう答えていい?**
友人B：待ってよ、まだみんな考えてるから。
友人C：なんかヒントちょうだい。
男：**ヒントは……。**
友人C：お前に聞いてねぇから!
男：**だっておれもうわかってんだもん、早く次の問題いこー。**
友一同：……。

多部未華子一択やろ

自信があるとき語尾が関西弁になる男

友A：やっぱ綾瀬はるかじゃない？
友B：いや、川口春奈も好きだけどね～。
友C：うわ～むじぃ～w
男：え？　何なに？　なんの話してんの？
友A：いや、一番可愛い芸能人誰かなって話してて～。
男：多部未華子一択やろ。
友B：あ、多部ちゃんも可愛いよね～。
男：いや、多部未華子以外考えられんやろ。多部未華子最強やろ。なんやかんや多部未華子に戻ってくるやろ。
友一同：……。

格安SIMにすればええやんw

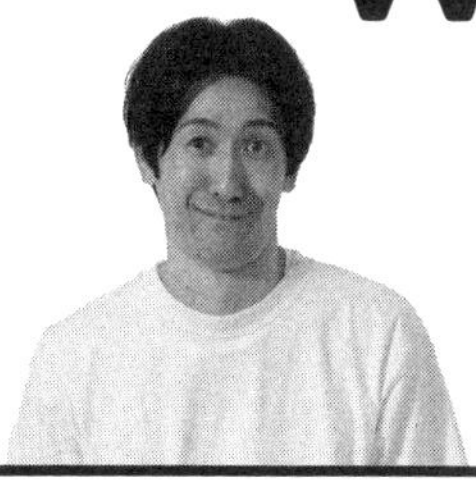

バカにするとき関西弁になる男

友：やべー。おれ今月ケータイ代払えないかも。
男：**いや格安SIMにすればええやんw**
友：あー。……なんか安いらしいよね。
男：**てか、大手キャリアが高すぎやてw**
友：……そうなんだ。
男：**早よしろてw**
友：……ちょっと考えるわぁ。ありがとう。
男：**考えんでええてw　格安SIMにすればええやんw**
友：お、おう……。

マイルドな言い方にしてるつもりだったりする

髪型変えたほうがモテるよ

相談もしてないのにアドバイスしてくる男

男：おまえ、たぶん髪型変えたほうがモテるよ。
友：……え？
男：ツーブロックにしたほうがモテるよ。ツーブロック最強だから。
友：いや別にモテなくていいよｗ
男：えい、強がんなぁｗ　えいｗ
友：いやいや、本当にｗ
男：じゃ何のために毎日違う服着てんの？　何のために毎日シャンプーしてんの？　究極すべて女にモテるためっしょ!?
友：いやちがうと思うけど。
男：はいウソ～！ｗ　言っとくけど、おれはおまえのために言ってやってんだかんな？
友：……。

マジで筋トレしたほうがいい

筋トレ始めた途端、他人にも強要してくる男

男：あれ？　おまえ、筋トレしてるっけ？
友：いや、何もやってない。
男：マジで筋トレしたほうがいい。生活変わるよ。
友：あー、おまえ最近やってんだっけ？
男：マジ、人間としてのなんつーの？　活力みたいなのが段違い。
友：……そうなんだ。
男：おまえ顔死んでんぞ？
友：……お前もまだ始めて1か月だよね？

筋トレ界の印象を悪くしています

あぁなるほどね

腕相撲で相手の力量を測ってから勝つ男

（レディー・ゴー！）

男：……。

友：うぐぐぐ。

男：あぁ、なるほどね。

友：うぐぐ……。

男：（他の見てる友達に）あ、強い強い、あ、こいつ意外と強いわ。

友：……（耐えてる）。

男：もういい？　もう終わらせていい？

（余裕の顔でゆっくり勝つ）

男：ま、俺の左くらい。

友：……。

強いけど品格はない（横審のチェック入ります）

あそこダイレクトでよかったなー

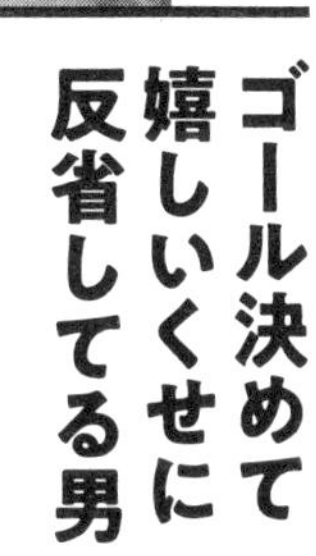

ゴール決めて嬉しいくせに反省してる男

男：今日の（サッカーの）試合ミスったなー。
友：なんで？　ゴール決めてたじゃん。
男：いや、決めたは決めたけど、いらんトラップしちゃったからなー。
友：そうだっけ……？
男：あそこダイレクトでよかったなー。
友：……ままま、でも決めたしね。
男：いやーミスった。くっそ。
友：……。

iPhoneってさどう？

ざっくりした質問しかしない男

男：**おまえ、iPhoneだったよね？**
友：うん。
男：**iPhoneってさ、どう？**
友：ん……？　どうって何が？
男：**え、良い？**
友：うん、まぁ、いいっちゃいいかな。
男：**やっぱ良いか〜。**
友：何が？
男：**あと、ちなみにさ。**
友：うん。
男：**おまえ、犬飼ってたよね？**
友：うん。
男：**犬ってさ、どう？**
友：何が⁉

お風呂とかって入りたい？

友達にお風呂貸したくなさそうな男

友：今日泊まってってっていい？
男：**全然いいよ。**
友：ありがと〜。
男：**ちなみに、お風呂とかって入りたい？**
友：……あ、そうだね。できれば。結構汗かいたし。
男：**なるほどね。**
友：……。
男：**……。**
友：……まぁ無理なら全然。
男：**いや、全然いいんだけどね。バスタオルあったかなぁ（遠い目をしながら）。**
友：……小さいタオルでもいいよ。
男：**あ、マジで？**
友：うん。
男：**なるほど。**
友：……なるほど？

「泊まる」の段階で断って？

まずどっからが自炊?

質問に質問で返す男

友:自炊とかってしてる?
男:**まずどっからが自炊?**
友:え……?
男:**肉焼くだけとかも自炊に入る?**
友:……ままま、じゃそれも自炊で。
男:**ん〜、じゃあ、たまにかな!**
友:そっか。
男:**いやま、でも世間一般でいう、いわゆるちゃんと料理して…みたいな自炊はしてないかも!**
友:……おけ。

なんでそんなとこ住んでんの？w

ちょっと遠い所に住んでるとバカにする男

男：あれ？　おまえ今どこ住んでんの？
友：今、調布だね。
男：えっ、遠っw
友：……ままま。
男：なんでそんなとこ住んでんの？w
友：家賃安いし、実家がその辺なんだよね。
男：じゃ、実家住めよw
友：……まぁ色々あるからさ。
男：謎すぎるw

ロフトが楽しいの最初だけだよ

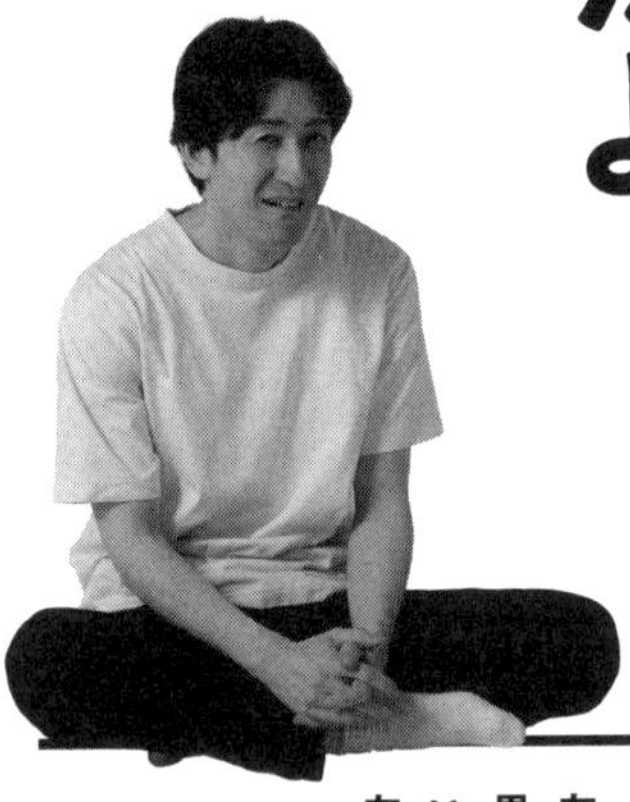

引越ししたてのワクワクに水を指す男

友：で、ここさ、ロフトもあんだよね！
男：あー。ロフトが楽しいの最初だけだよ。
友：……そうなの？
男：うん。夏は暑いし、面倒くさくなってだんだん上がらなくなるよ。
友：……そっか。
男：あと、できるだけ物は買わないほうがいい。どうせ捨てるから。
友：……わかった。

一人暮らしで猫飼ったら終わりだよ？

勝手に終わらせる男

友：おれ、猫飼い始めたんだ〜。
男：**マジで？　一人暮らしで猫飼ったら終わりだよ？**
友：……何が終わりなの？
男：**結婚できないよ。**
友：まぁ、言われてるけどねｗ　でもめっちゃ可愛いんだよ。
男：**へぇー。一緒に寝たりしてんの？**
友：そう！　同じベッドで寝てくれるんだよ！
男：**あー、さらに終わりだね。**
友：何が？

おれがやってるバイトめっちゃ楽だよ

自分の楽アピールしてくる男

友：新しいバイト先さ、店長めっちゃいい人でよかったわ〜。
男：**へー。楽なの？**
友：まぁ仕事はそんなに楽じゃないけど、いい人ばっかりだから頑張れそう！
男：**おれがやってるバイト、めっちゃ楽だよ。紹介してやろうか？**
友：……いや今のバイト先、気に入ってるからさ。
男：**大変なバイトって続かないよ？　おれのところはバーなんだけど、常連さんしか来なくてめっちゃ楽。仕事中にケータイとかいじれるし。**
友：……そうなんだ。
男：**しかも時給も高いからね。超いいよ。絶対おまえのところよりいいよ。**
友：いやまぁまぁ。……人それぞれだからさw
男：**絶対後悔するよ。断言するw**
友：……。

僕は清掃のバイトが性に合ってました。　黙々系

転職したらしいじゃん。ぶっちゃけ月収いくら？

すぐお金の話に持っていく男

男：久しぶりだね〜。
友：久しぶり〜。
男：聞いたよ、転職したらしいじゃん。ぶっちゃけ月収いくら？
友：いやいやいやw　まず乾杯しようよw
男：あ、かんぱ〜い。
友：かんぱ〜い。
男：で？　いくら？
友：いきなり金の話？w　転職した経緯とか聞いてよw
男：金でしょ？　金しかないでしょ、転職なんて。
友：……お会計お願いしまーす。

それが聞きたかっただけね、いいけど

それ、心の奥底では辛いと思ってるんだよ

勝手に心理カウンセラー

男：そっか……。彼女と別れちゃったか。
友：うん……。まぁでも全然、普通に話し合って、お互い納得して、だから。
男：その割にすぐ俺に飲もうとか言ってきたじゃん。
友：あー、それはほら、前からそろそろ飲みたいねって話してたじゃん。
男：それ、心の奥底では辛いと思ってるんだよ。
友：はい……？
男：深層心理では辛いと思ってて、おれに連絡してきたんだよ。
友：いやちがうよｗ
男：その笑ってる感じ、おれには辛すぎて自己防衛で笑ってるようにしか見えないな。
友：ちがうんですが……。

響くか響かないかだと思うよ

路上ミュージシャンに上から目線の男

（ギターで弾き語りをする若者ミュージシャン）

男：お兄さん、上手いね。

ミュージシャン：あ、ありがとうございます。

男：でも歌ってのは、上手さじゃないもんね？

ミュージシャン：はい……？

男：響くか響かないかだと思うよ。

ミュージシャン：まぁ……そうですね。

男：もうワンランク上にいけるといいね！　応援してるよ。

ミュージシャン：……。（全然違う方向見て）ＣＤもありますのでよかったらどうぞ〜。

少年時代

末っ子あるあると村あるある

僕は富山県の利賀村で、男三人兄弟の末っ子として生まれました。家族は公務員の両親と、7歳年上と3歳上の二人の兄、そして父方の祖父と祖母。父の実家に3世代・7人で暮らしていました。

兄はけっこう厳しく育てられたらしいですけど、僕は親からうるさく言われることも怒られることもなくて、末っ子あるあるですね。小さい頃はわりと伸び伸び自由にやってたと思います。ふざけるのが好きで、なんか面白げなことをやると親戚とかがみんな笑ってくれるみたいな環境でしたから、ちょっと甘やかされてたのかもしれません。

そんな感じで小学校に入った僕は、親より先生に怒られることのほうが多かったです。人生で初めて怒られたのも先生でした。

このころから兄たちの影響でバラエティ番組を好きになり、『スーパーJOCKEY』や『ビートたけしのお笑いウルトラクイズ!!』とか、同級生が見てないようなちょっと大人な番組まで観てました。で、次の日テレビで観た面白いことを披露するんですけど、だんだん調子に乗って授業中にふざけ出すから、そりゃ怒られますよね。

普通怒られたら、反省して次から気をつければいいだけなのに、僕の場合、怒られるとけっこう傷ついちゃって。怒られ慣れてないのか生まれつきの性格なのか、打たれ弱くて、毎回すごい傷ついて。それがトラウマになってしまったようです。

怒られ過ぎたせいで、小学校のときはひょうきん者でやってたけど、中学生になると、めちゃくちゃ暗いというか、先生の前で一切自分を出さない、一切ふざけない子になってしまいました。

ただ、お笑いはずっと好きで、陰キャになったからなのか、ダウンタウンさんの『ごっつええ感じ』とか、ちょっとダークで毒っ気のある笑いにハマってきました。

そんなある日、先生に注意されました。

「いい加減、人を馬鹿にした笑いやめろ」

これはなかなかの衝撃でした。教室の隅で腕を組んで、クラスの誰かのことをニヤニヤ笑ったりしてたのかもしれません。今思えば、人の失敗を笑うような笑いは良くないとわかるのですが……。

先生に言われた時は生意気に「こういう笑いもあるけどなぁ」と、斜に構えてましたが、本当は怒られたことに相当ショックを受けていました。

これをきっかけに僕は中学で完全に委縮してしまいました。

利賀村は当時、人口1000人ほどの小さな村で、コンビニもなければスーパーに行くにも車で30分はかかるような田舎でした（現在、周辺の町村と合併して「南砺市」の一部に）。

これは田舎の小さなコミュニティあるあるですが、小学校の同級生は10人くらいしかいなくて、何をやるにも選択肢が一つだけなんです。他の習い事はなく、みんなスポーツ少年団に加入して男の子は野球、女の子はバドミントンをやる決まりになっていて、中学校の部活もバドミントン一択でした。

これもあるあるですが、村のみんなが知り合いで家族構成も知られています。子供のころから、地域の目をいつも感じていて、繊細な僕はそれが少し苦手でした。

少年野球や部活の帰り道、歩いてると友達の親が「車で送ろうか」って言ってくれるんでけど、「大丈夫です」と言って一人で帰っちゃうんですよ。あとは、友達の家に遊びに行って、「お土産になんか持って帰っていいよ」って言われても、それも「大丈夫です」って断っちゃうし。笑顔で「ありがとうございます！」ともらったほうが絶対いいんですけどね。

人見知りっていうのもあっていろんな人に気を遣ってる感じはありましたね。自分がなんかした時に、家族がどう思われるかとかも気にしていたので、はみ出せないというか。そういうのが合ってないな、とはずっと思ってました。

村から出てみたいなと思ったのは高校受験のときです。

うちの村は、高校に通えないんですよ。遠すぎて、交通手段がなくて。だからみんな学校近くの親戚の家に住むか、寮のある学校に行くんです。なかでも、兄二人も通ったうちの村出身者がめちゃくちゃ多い高校があって、そこに進むつもりでした。

ところが、その高校に行った先輩から、「誰々の弟だってすぐ覚えてもらえるよ」「先生も知ってるよ〜」みたいなことを聞いて、それがなんだかすごく嫌だなと思ってしまって、違う高校に行くことにしたんです。新しい環境に行くために頑張って勉強しました。

無事に受かった高校は、隣の隣町くらいにあり、そこで一人暮らしをして通いました。初めての一人暮らしでしたが、全く寂しくなかったですね。一人で住むほうがやっぱ合ってるなと思ったし、もう楽っていうのしかなかったです。家族から離れたいということじゃなくて、一人の空間が欲しかったんだと思います。ご飯はほかほか弁当ばかり食べてましたけど、掃除、洗濯、それなりに適当にやってました。

高校生活は、けっこうお笑い好きな子が多かったので、放課後、その子たちとよく遊んでました。当時は、ダウンタウンさん、爆笑問題さん、ナインティナインさんが好きで友達とテレビ番組の感想を話したり、あとは高校生らしくカラオケも行ったりしてました。お笑いマニアっていうほどではないけれど、田舎だとバラエティ番組をよく見ているだけでもお笑い好きにカウントされるのはあるあるかもしれません。

そんなお笑い好きの友達と、ラッキーなことに先生にも恵まれました。高校の先生は半分大人として接してくれるから、そこが自分に合っていたみたいで気軽に話せるようになりました。小学校も中学校も僕にとって『先生』はトラウマだったのですが、もう怒られることはなくなりました。

おかげで、高校生活を通して僕も少しオープンになったと思います。

しかし、だからといって人見知りには変わりなく、お笑い好きの友達はみんなの前で笑いをとるようなことができたけど、僕にはまだまだハードルが高かったです。何せ、自分の周りに人がめちゃくちゃ増えちゃって。小・中学校と同級生が10人だったのが、高校で一気に200人規模になっちゃいましたから。ちょっと明るくなったくらいの僕には無理でした。

高2で人生初の彼女ができた時も、うまく自分を出せませんでした。同じクラスの彼女で、至って普通の交際でしたね。田舎なので遊ぶ場所がないのもありますが、最近みんな文化施設に行ってるよーって聞くとそこでデートするとか……。男友達から聞く「デートとは、彼氏とはこういうものだ」みたいなものをなぞっていたかもしれないです。今思えば、彼女にもかなり気を遣ってました。

以上、高校時代までを振り返ってみましたが、その後、僕はさらなる自由を求めるのでした。

（122ページへ続く）

Chapter

2

嫌な男あるある

会社・バイト編

ごめんなぜ？ｗｗ

謝ってからバカにする男

後輩：先輩、すいません。
男：どした？
後輩：この資料ってプリントアウトしたほうがいいですかね？
男：ごめん、なぜ？ｗｗ
後輩：あ、いや、会議のときにあったほうがいいかなと思って……。
男：うん、みんなデータで持ってるやつだからねｗ
後輩：あ、なるほど……。
男：ごめん、おれ変なこと言ってる？ｗ
後輩：いえ、念のため聞いただけなので……。
男：ごめん、もう大丈夫かな？ｗ
後輩：あ、はい。ありがとうございました……。
男：はーいｗ

一つ大きなミスをしています。なんでしょう？

クイズ形式で叱る男

男：ちょっといいかな？
後輩：あ、お疲れ様です。何かありましたか……？
男：君は一つ大きなミスをしています。なんでしょう？
後輩：あれ…本当ですか？　うわ、すいません、わかんないです。
男：ヒント。
後輩：ヒント……？
男：あることを忘れています。
後輩：えーっと……。すいません、なんですかね……？
男：もうちょっと自分の頭で考えてみようか。
後輩：いや、あの、わからないので……。
男：①部長にメールを転送するのを忘れている。②おれに挨拶するのを忘れている。③ネクタイを忘れている、さて何番でしょう？
後輩：……全部です。
男：正解～!!
後輩：……。

このタイプの先生嫌いだったな～

なぜ？ つまり？ で？ どうぞぉ

必要最低限の単語しか返してくれない上司

後輩：ちょっとご相談なんですけど。
男：**うん。**
後輩：明日までの締切だった資料がちょっと間に合わなそうで……。
男：**なぜ？**
後輩：あの……他の仕事もちょっといっぱいいっぱいになってまして……。
男：**つまり？**
後輩：つまり……。締切を今週までとかにしていただけるとありがたいなと……。
男：**で？**
後輩：あの……。それでも大丈夫ですかね……？
男：**どうぞぉ。**
後輩：ありがとうございます！
男：**終わり？**
後輩：あ、はい。それだけです！
男：**邪魔ぁ。**
後輩：すいません、失礼します……！

え？おれっすか？

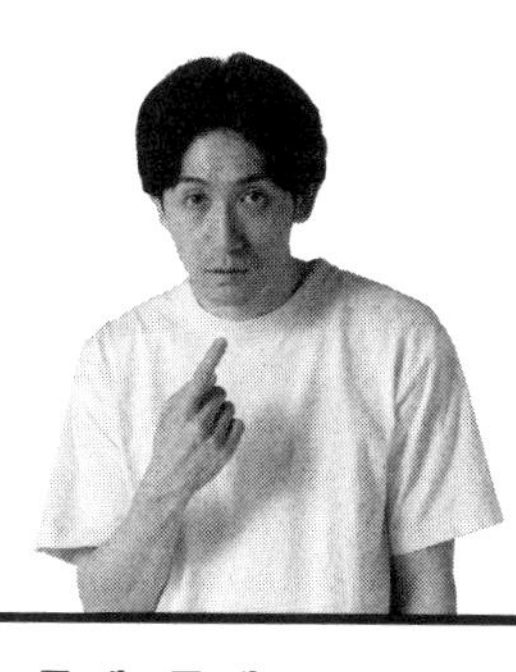

2人しかいないのに自分のことか確認する男

先輩：あれ、今どこ住んでんだっけ？
男：**……え？　おれっすか？**
先輩：うん。
男：**あー、今、幡ヶ谷っすね。**
先輩：えー!?　おれ笹塚だからさ、めっちゃ近いじゃん！
男：**誰とすか？**
先輩：いやお前だよ。
男：**あー！　そうすね、本当すね！**
先輩：……今度メシでも行こうよ。
男：……。
先輩：……聞いてる？
男：**……おれっすか？**
先輩：おまえしかいないだろ！
男：**あーすんません、ぜひぜひ！**
先輩：OK。ちょっとタバコ吸い行かない？
男：**……おれっすか？**
先輩：……やっぱいいや。

うんうんうん。
じゃあぁあの日
あのまま飲み行って
資料も作らず
寝ちゃって
相談もできずに
今日になって。
で、「どうしたらいいですか？」
ってことね？

舐めんな

一旦状況を整理してから怒る男

後輩：……て感じです。
男：うんうんうん。じゃあ、あの日あのまま飲み行って。資料も作らず寝ちゃって。相談もできずに今日になって。で、今「僕どうしたらいいですか？」ってことね？　舐めんな。
後輩：すいません……。一応相談のメールはしてたんですけど……。
男：あ、おれに連絡してくれてたの？
後輩：はい、一応……。
男：あーなるほどね。じゃあ、おれにメールで相談してたけど返信なくて、どうしようかなぁと思ってたら今日になって。で、今「僕どうしたらいいですか？」ってことか！　ざけんな。どっちにしろざけんな。
後輩：すいません……。
男：また先輩ごちゃごちゃ言ってんなーって？　うるせぇなーって？　早く終わんないかなーって？　今日お昼何食べようかなぁーって？　帰っていいよ。
後輩：……。

返事だけは一丁前だね

とにかくポンコツ扱いしたい先輩

男：じゃあそんな感じでお願いね。
新人：はい！
男：ww
新人：はい……？
男：いや、返事だけは一丁前だね。
新人：はい……。
男：いや、大事大事。それもできなかったら終わってるもんねw
新人：……。

「一丁前」って言う人は危険ですよね

もう学生じゃないんだからさ

これさえ言っときゃいいと思ってる男

男：ダメだよ遅刻は。
新人：すいませんでした……。
男：もう学生じゃないんだからさ。
新人：はい……。
男：学生なら遅刻しても許されるけどさ、社会人はダメ。
新人：……。
男：仕事がなくなっちゃうよ。でしょ？
新人：はい……。
男：もう社会人なんだからさ、お金もらってるんだから。
新人：はい。
男：いつまでも学生気分では困ります。
新人：……。

前の仕事の経験はうちでは役に立たないから

ぶっとい釘を刺してくる男

新人：よろしくお願いします。
男：**よろしくね〜。あれ？　居酒屋の勤務経験とかってあるんだっけ？**
新人：はい、5年ほど働いておりました！
男：**そうなんだね。先に言っておくけど、前の仕事の経験はうちでは役に立たないから。**
新人：……はい。
男：**全く持って役に立たない。無意味。だって店によって全然やり方違うもん。でしょ？**
新人：……ですね。
男：**それを胸張って「5年働いてました！」って言われても、「そうですか」としか言いようがないわ。**
新人：あ、いや……。
男：**そこらへん勘違いしないように！　おけ？**
新人：……へぃ。

全員に言ってるんだろうなぁ

ん、なるほど！勉強になります

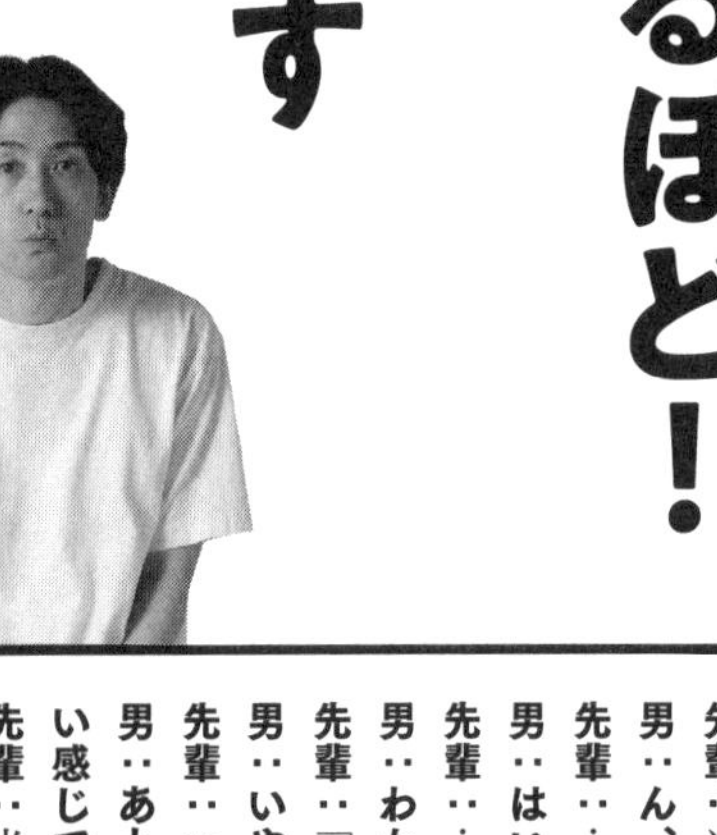

怒られてるのにアドバイスの雰囲気にする男

先輩：マジでさ。何回遅刻すんだよ。
男：**あ、やっぱ遅刻は良くないんすね。**
先輩：当たり前だろ！
男：**ん、なるほど！　勉強になります。**
先輩：……いや勉強とかじゃなくてさ、ほんとやめて。
男：**はいはい、なるほど。了解です。**
先輩：……ほんとにわかってる？
男：**わかります、わかります、ありがとうございます。**
先輩：「ありがとうございます」……？
男：**いや教えていただいたんで。**
先輩：いや、教えてんじゃなくて……。
男：**あと、遅刻するときって、事前に言ったほうがいい感じですか？**
先輩：当たり前だろ！
男：**やっぱそうなんすね！　勉強になります！**
先輩：……。

怒ってないよ呆れてるだけ

絶対怒ってる男

後輩：すいません、グラス割っちゃいました……。
男：**また!?**
後輩：すいません……。
男：**そっか。まぁ全然怒ってないけどね。**
後輩：あ、ほんとですか。
男：**うん、怒ってないよ。呆れてるだけ。**
後輩：あ……。
男：**だから気にしないで。**
後輩：……わかりました。
男：**うん！　これ以上呆れさせないでね～w**
後輩：（絶対怒ってるぅ）

おれがこんな怒ることないからね?

罪の重さを伝えたい男

男:マジで。ちゃんとして?
後輩:すいません……。
男:おれがこんな怒ることないからね?
後輩:はい……。
男:他のやつに聞いてみ? おれ、ほとんど怒ったことないから。
後輩:……。
男:それくらいヤバいことしたってことだよ?
後輩:すいません……。
男:久々にこんな怒ったわ。
後輩:……。
男:プライベートでもほぼ怒んないから。マジで。
後輩:はい……(それは知らん)。

この怒り方する人は尊敬できないですよね

そこに関しては謝ります。完全にこちらが悪いので謝ります

謝るって言ってるけど全然謝らない男

先輩：忘れてましたじゃないだろ。
男：**はい。そこに関しては、謝ります。**
先輩：ちゃんと連絡入れてるからな、会議があるって。
男：**そうですね。完全にこちらのミスなので、謝ります。**
先輩：……確認しないから、そういうことになるんだろ？
男：**もう、ぐうの音も出ないです。謝るしかできないです。謝ります。**
先輩：……。
男：**本当に、謝りたいです。**
先輩：お前さ……。まだ一回も謝ってないからな？
男：**うわ、本当ですね。謝ります。**
先輩：……。

謝罪会見とかでもたまにあるよに

うん、謝られても何も解決しないから

とは言いつつも謝らないと怒る男

後輩：資料にミスがあって……。すいませんでした……。

男：うん、謝られても何も解決しないから。でしょ？

後輩：はい……。

男：謝るヒマがあったら〝こうします〟っていう提案をしてよ。

後輩：……すいません。

男：だから謝んなくていいってw

後輩：はい……。

（1か月後）

後輩：先輩、資料にミスがあったので、そこ直してからプリントアウトします。ちょっと待ってもらっていいですか？

男：まず、ごめんなさいでしょ？

後輩：……。

もうちょっと悔しいと思ったほうがいいよ

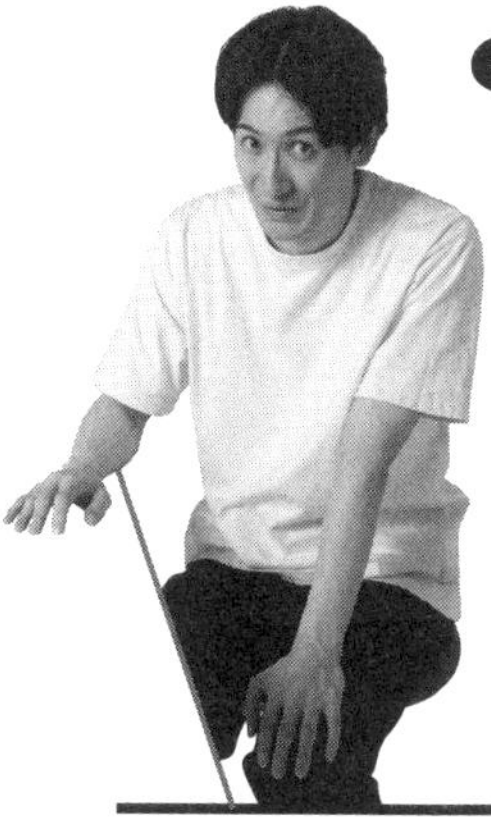

仕事だけじゃなく感情にまで口出ししてくる男

男：これで何回目？　何回も同じミスしてるじゃん。
後輩：すいません……。
男：もうちょっと悔しいと思ったほうがいいよ。
後輩：……はい。
男：じゃないと、悔しいと思わないと直んないもん。おれ、そこだと思うよ。
後輩：……。
男：そんで後輩にもバカにされてるわけでしょ？　あの人仕事できないって言われてんでしょ？
後輩：それはわかんないですけど……。
男：もっと怒ったほうがいいよ。怒んなきゃ。ふざけんなって！　おれはもっとできるんだって。
後輩：……わかりました。
男：で、いっつもこうやってガミガミ言われてさ、凹んでんでしょ？　違うよ、ありがたいって思わなきゃ。
後輩：……はい。
男：まぁ色々言ったけどさ。そうだね……一回楽しんでやってみ？

たしかに精神面も大事だけどに

おまえのこと嫌いだったらここまで言わないからね

嫌いになりかけてる男

男：おまえ本当にやる気あんの？
後輩：ありますよ。
男：やる気ないんだったら辞めちまえよ！
後輩：あるって言ってるじゃないですか。
男：それがあるやつの態度かよ！
後輩：……。
男：これおまえのこと憎くて言ってんじゃないからね？　おまえのこと嫌いだったらここまで言わないからね。
後輩：……どうすかねぇ。
男：えっ待って待って、そこ伝わってないの⁉
後輩：……。
男：嫌いなやつにさ、ここまで言うわけないじゃん！　おまえのこと好きだからここまで熱くなれるんじゃん。でしょ⁉
後輩：いや普通にムカついて言ってんじゃないすか。
男：待って待って待って待って！

ごめん、これは後輩もヤバそう

この仕事って意味あるんすかね?

新人のくせに物申してくる男

先輩：こんな感じね。じゃあ、ここにあるチラシを全部二つ折りにできたら教えて。
男：あの……。
先輩：ん？
男：この仕事って意味あるんすかね?
先輩：ん……？　うん、うちの薬局で買い物したお客さんにまた来てもらえるようにチラシをね……。
男：それはわかるんすけど、別に二つ折りにして袋に入れなくても、例えばレジ前に置いといて、欲しい人が取っていくので良くないすか?
先輩：……。いや、チラシが入ってたら、それ見てまた来てくれる人とかもいるだろうしさ……。
男：なんか無駄な気するんすよねぇ。
先輩：……。
男：もっと効率いいやり方あると思うんだよなぁ。
先輩：とりあえずやってもらっていい⁉

こんなとこさっさと辞めたほうがいいよ

新人のやる気を削ぐ先輩

新人：今日から入りました！　よろしくお願いします！

男：いや、めっちゃ気合い入ってるじゃんw

新人：はい！　初めてのバイトなんでw

男：あーそうなんだ。ハズレ引いちゃったねw

新人：え……？

男：他のバイトやったらわかったと思うけど、ここクソだよw

新人：そうなんですか……？

男：うん、交通費出ないとか終わってるでしょ。

新人：僕チャリなんで大丈夫ですけど……。

男：あと無意味な仕事が多い、チラシ折るとか。

新人：……。

男：こんなとこさっさと辞めたほうがいいよ。

新人：……とりあえず頑張ります。

男：頑張んなくていいよ、頑張っても給料上がるわけでもないし。

新人：……。

休憩中に仕事のこと考えてるの？熱心だねぇｗ

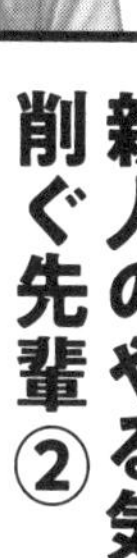

新人のやる気を削ぐ先輩②

男：お疲れぇ。
新人：あ、お疲れ様です！
男：今何見てたのぉ？
新人：あ、今日教わってメモしたことを読み返してました。
男：休憩中に仕事のこと考えてるの？　熱心だねぇｗ
新人：……早く仕事覚えたいんで。
男：もしここ辞めたら無駄になるから、そんなことしないほうがいいよｗ
新人：え……？
男：ここ時給も安いし店長もクソだからみんな辞めてくからねｗ
新人：そうなんですか……？
男：うんｗ　むしろ君もさっさと辞めたほうがいいよぉ〜ｗ
新人：……。

こういう人が辞めるだけで雰囲気良くなることありますよね

この会社マジでレベル低いから

自分は格が違うと思ってる男

男：言っとくけど。
新人：はい……？
男：ここで覚えたことなんて、他行ったら何の役にも立たないよ。
新人：……そうなんですか？
男：うん。この会社マジでレベル低いから。
新人：……そうなんですね
男：うん。おれ同じ業界の他の会社いたときあるけど、そこと全然レベル違うからね。
新人：……。
男：これを仕事と思わないほうがいいよ。
新人：…じゃあ、なんでここで働いてるんですか？
男：人生楽なほうがいいじゃんw
新人：……。

三軍のトップでいたいタイプ

まず自分の思うようにやってみ？

全くわからない状態からやらせようとする男

新人：あの、すいません。
男：どした？
新人：サイコロステーキの注文が入ったんですけど、どうしたらいいですか？
男：まず自分の思うようにやってみ？
新人：……あ、いや、全くわからないんで……。
男：でもやらないといつまで経ってもできないから。
新人：はい……。
男：自分が思うサイコロステーキ作ってみ？
新人：「自分が思う」……？
男：うん。
新人：じゃあ、とりあえず…サイコロステーキの肉ってどこに入ってます？
男：どこだと思う？　自分が入ってると思う場所開けてみ？
新人：いや、それは教えていただいたほうが……。
男：何事も経験経験！　はっはっは。
新人：（別の人に）すいません。教えて下さい。

泳がせて最後にまとめて指摘してきそう

あーあー、なんでそんなやり方……違う違う違う！

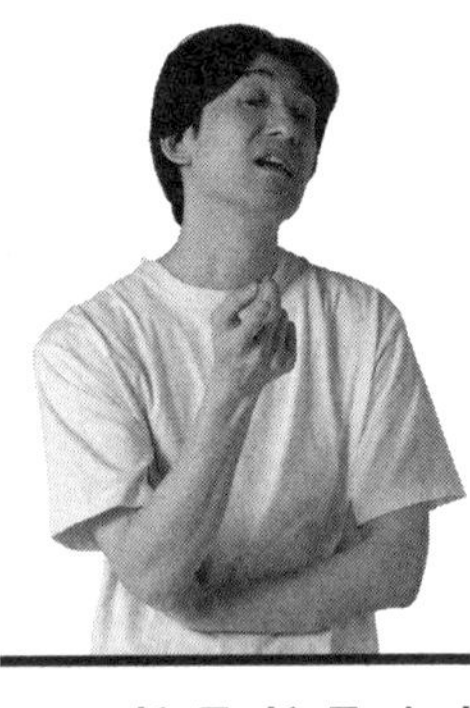

後ろから実況型の注意をしてくる男

男：あーあーあー……。
新人：……切り方、違いましたかね？
男：……。
新人：続けていいですか？
男：……。
新人：やりますね……。
男：うわぁー、なんでそんな、やり方……w
新人：……とりあえずやってみて大丈夫ですか？
男：……。
新人：やってみますね……。
男：あーあー！　違う違う違う！
新人：じゃあ教えてもらっていいですか!?

やると思ったーw

失敗を予知していたのに放置する男

新人：すいません……。ドリンクを持って行くテーブルまちがえちゃって……。
男：やると思ったーw
新人：すいません……。なので、もう一回ドリンク作ってもらってもいいですか？
男：はいよw　4番のお客さんが毎回ウーロンハイ2つずつ頼んでるから、さっきのも4番だと思ったんでしょw
新人：そうですね、確認不足でした……。
男：おれ言おうかなと思ったんだけどね～。
新人：あ、そうだったんですか？
男：うんw　でもさ、こういうのって一回間違えないと覚えないじゃんw
新人：……はい。
男：こうやって先輩に迷惑かけちゃった経験すると、次から気をつけるでしょw
新人：……!?　はい（そこあんま関係ないです）。

そんなやり方教えてない！

短期間で記憶喪失になる男

男：**あれ⁉　は⁉**
後輩：どうしました……？
男：**なんでレモンサワーをジョッキで出してんの⁉**
後輩：え？　昨日先輩がグラスが足りなくなったらジョッキでいよって教えてくれましたよね？
男：**いやそんなやり方教えてない！**
後輩：いやいや、昨日言ってましたよｗ
男：**言うわけないじゃんｗ　そんなやり方ないんだからｗ**
後輩：いや……。
男：**グラスが足りなくなったらテーブル周って回収してこないと！**
後輩：周ったんですけど、なかったんですよ。
男：**あ、そういうこと⁉　あぁ、だったらジョッキで出していいよｗ**
後輩：……。
男：**それを先に言ってよぉｗ**
後輩：すいません（コイツ……）。

これの どこが難しいの？

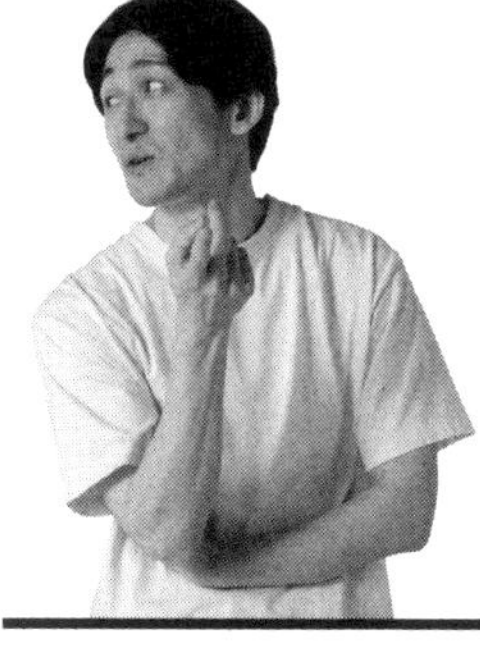

聞いてるようでバカにしてる男

男：ビールサーバーの洗浄はこんな感じ。
新人：なるほど…ちょっと難しいっすねｗ
男：ん？　これのどこが難しいの？
新人：あ、いや、ガスを抜くのがちょっと怖いなと思いましてｗ
男：うん、それはだから、今教えた順番でやればいいだけじゃん。
新人：はい……。ありがとうございます。
男：ん？　難しいかな？？？
新人：ちょっとまた徐々に覚えていきます、ありがとうございます。
男：徐々に？？？　ごめんごめん、純粋にどこが難しいのか教えて欲しいんだけど。
新人：……いえ、大丈夫です！
男：？？？
新人：……。

別の人に聞きます

逆にどれができそう？

できることのほうが少ないと悟った先輩

男：お会計の仕方はわかる？
新人：それも教わってないですね。
男：なるほど……。
新人：すいません……。
男：逆にどれができそう？
新人：あ、えっと……。
男：できること聞いたほうが早いと思うからさｗ
新人：そうですね……ドリンク作るのはできます。
男：なるほどｗ　じゃそれやってもらうしかないねｗ
新人：すいません……。
男：全然いいよｗ　教育係のやつがアホなだけだからｗ
新人：……。

ごめん何ならできる？コピーはできる？

早々に「できない奴認定」してくる男

男：よろしくね。
新人：よろしくお願いします！
男：会議用のパワーポイント作って欲しいんだけど、パワポって使い慣れてる？
新人：あんまり慣れてないですけど、頑張ります！
男：あ、うん、じゃあいいやw
新人：……はい。
男：ごめん何ならできる？　コピーはできる？
新人：コピーはできます……。
男：うん、じゃあデータ渡すからコピーだけしといてw
新人：他に何かやることはありますでしょうか……？
男：あ、大丈夫でーすw　たぶんできないと思うので〜。
新人：……。

そんなことは猿でもわかる

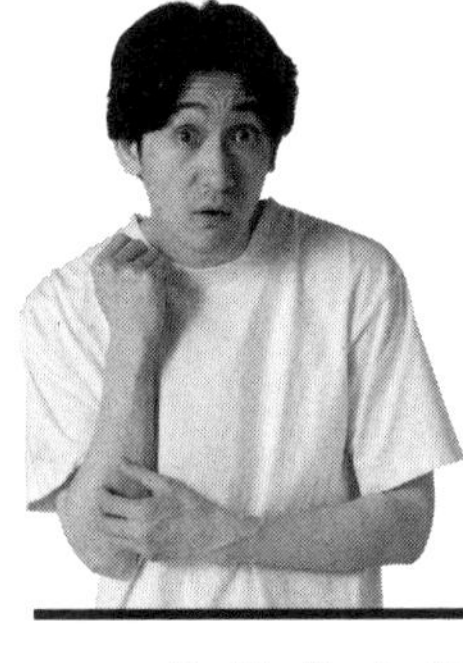

猿を使ってムカつかせようとする男

男：お客さんに満足して帰ってもらうなんて、当たり前のことじゃん？
後輩：はい。
男：そんなことは猿でもわかる。
後輩：……はい。
男：人間ならその上を目指さなきゃ。でしょ？
後輩：……そうですね。
男：じゃあ何をすんのって。120点出すために何をすんのって。そこを考えられて、初めて人間。そこを考えられなければ、猿とおんなじ。
後輩：……。
男：猿は頭使えませーん。猿は高い給料もらえませーん。あなたは猿ですかー？
後輩：……いえ。
男：じゃあ人間らしい仕事してくださーい。
後輩：……。

言われたことだけやればいいから

従業員を駒としか見てない男

バイト：店長、フード作るの手伝いましょうか？
男：いーいーいーいー。
バイト：……。
男：言われたことだけやればいいから。
バイト：……わかりました。
男：下手にやってミスられても困る。
バイト：……すいません。
男：それより、誰かにあのめんどくさい客の相手させといて、一番仕事できないやつに。
バイト：あんた、終わってるよ。
男：へ⁉

そんな仕事あとでいいから！

そのときの感情で指示が変わる男

男：どんなに混んでるときでも、まずドリンク作るの優先して。
新人：はい、わかりました！
男：お客様を待たせるのが一番良くないから。
新人：かしこまりました！
男：自分がお客さんだったら、すぐにドリンク持ってきてくれたほうが嬉しいでしょ？
新人：はい、そうですね！
（週末の激混みの日）
男：何してんの!?
新人：今ドリンク作ってました！
男：そんな仕事あとでいいから！
新人：え……？
男：まずテーブルを片付けて！　空いてる席にとりあえず客を詰め込む！　じゃないと売り上げ上がんないから！
新人：今、結構ドリンクを待たせてるんですが……。
男：待たせとけ！

頼むから余計な仕事増やさないで

萎縮させてさらなるミスを誘う男

新人：あの……。
男：何⁉　今ドリンク作るのに忙しいんだけど⁉
新人：グラスを割っちゃいまして……。
男：は⁉　誰が⁉　客が⁉
新人：いえ、僕がお客さんのドリンクを落としてしまって……。
男：ただでさえ忙しいのにさぁ……頼むから余計な仕事増やさないで！
新人：すいません……。
男：じゃあ新しいドリンク作るから、客に新しいおしぼり渡して、すぐにホウキとちりとり持ってきて片付けて！
新人：あ、で、その……。
男：何⁉
新人：ホウキとちりとりの場所を教えてほしいんですけど……。
男：……自分で探せぇぇぇ‼

同じ日にシフト入らないようにしてもらおう

コツとかってありますか？

早くも効率を考える新入社員

先輩： 初めての営業、緊張してる？
男：いや緊張はしてないっすね。
先輩： そっか！　じゃあいいね！
男：え、コツとかってあります？
先輩： コツ……？
男：はい、早く成績あげたいんで。
先輩： ……うん、まずはやってみよう。
男：なんかコツとかあったら聞いといたほうが早いかなと思うんすけど。
先輩： …うん。それは自分で見つけて行ったほうがいいと思うから。
男：あぁ……。効率悪いなぁ。
先輩： あ？

自分で調べないタイプね

みんなを代表して言うけどさ

個人的な文句を言いたいだけの男

男：おまえさぁ。
同僚：ん？
男：バイト中にあんま仕事と関係ない話すんなよ。
同僚：え、おれだけじゃなくてみんな話してんじゃん。
男：おまえ多すぎるんだよ。
同僚：そう……？
男：みんなを代表して言うけどさ、おまえ喋りすぎ。これみんな思ってるぞ。
同僚：そうかな……？
男：そうだよ、みんな思ってる。
同僚：みんな楽しそうに喋ってるけどなぁ。え、それ誰が言ってた？
男：言ってなくてもわかるだろ、空気で。
同僚：それ、たぶん誰も思ってないよw
男：おまえほんと鈍感だな！　羨ましいわ！
同僚：……。

一緒に喋りたいんだよに

仕事で一番大事なことって何かわかる？

広すぎて絶対当たらないクイズ出す男

男：お前さぁ。
後輩：はい？
男：仕事で一番大事なことって何かわかる？
後輩：……いや、わかんないっす。
男：ちょっとは考えろよ。
後輩：……。
男：これがわかってないんだったら、たぶんうまくいかないよ。
後輩：……精神的なやつすか？
男：全部、それも含めて。
後輩：それはちょっと……広すぎないですか？
後輩：……「根性」とかですか？
男：成功してるやつはみんな答えられるよ。
男：ちがう。「確認」だ。

答えダブルスタンバイしてたろ

この仕事ってリモートでよくないいすか？

1年目で早くもリモート勤務を提案してくる男

男：てか、おれ思ったんすけど。
先輩：ん？
男：この仕事ってリモートでよくないすか？
先輩：は……？
男：いや、おれらのやってる仕事って、全部自宅のパソコンでできちゃうじゃないすか。出社する意味あるんすかね？
先輩：まぁ……お互い確認事項とかあったりするしな。
男：いや、それも確認したいことがあるたびにzoomとかでやればいいじゃないですか。
先輩：……。
男：出社しなきゃいけないっていう、固定観念に縛られてるだけな気がするんすよね。
先輩：君、ちょっと早いな。

なんか頭いい人の動画とか見たのかな

ねぇあの子何もできないよー！

自分も最初は新人だったことを忘れた男

男：ビールの樽、変えといて！
新人：あ、やり方わからないですね……。
男：……じゃあおれがやるから、お会計お願い！
新人：お会計もわかんなくて……。
男：はぁ……w
新人：……すみません。
男：端っこいて！　邪魔だけはしないで！
新人：……。
男：（全体に聞こえるように）ねぇあの子何もできないよー！

店長の言ってることシカトしていいよ

新人バイトを困らせる先輩

男：どこ行くの？
新人：あ、ゴミを捨てに……。
男：誰に言われたの？
新人：店長に……。
男：店長の言ってること、シカトしていいよ。
新人：え……？
男：どうせ閉店後にまとめてゴミ出すから。今出す意味がわかんないw
新人：そうなんですか……？
男：基本あの人なんも考えてないからw
新人：いやいや……w
男：店長って肩書きがあるだけで、おれのほうが全然仕事できるしね。
新人：……はは。
男：てか、たぶん君のほうが仕事できるw
新人：いやいや、それはないです……w
男：いや、それは言い過ぎだとしても、ソッコー抜けるよ。マジで。あの人マジ使えねーから。
新人：……。

それはこちらで判断します

そのやり方誰に習った？自己流？

どう答えても波乱になりそうな質問をする男

男：ねぇ、それさ…誰に習った？
新人：……はい？ あ、えっと……。
男：そんな魚の切り方、たぶん誰も教えてないと思うんだよな。
新人：あ、いや……。
男：教えて？ やり方誰に習った？ そいつに言わないとだから。
新人：……。
男：ん？ もしかして、自己流？
新人：いえ……。
男：自己流でお店の魚さばいちゃってるなら、それはそれで問題だし。
新人：自己流ではないです……。
男：じゃ誰に習った？
新人：……店長です。
男：やっぱあいつか！ あいつマジでクソだな！
新人：……。

この争いに関わりたくねぇ〜

正直に言ってみ？田中さんのことあんま好きじゃないっしょ？

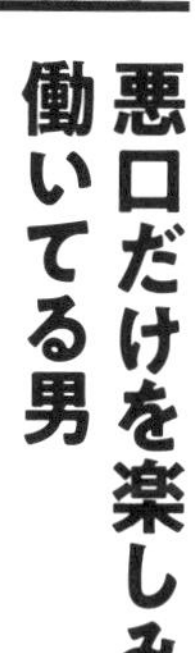

悪口だけを楽しみに働いてる男

男：仕事慣れた？
新人：そうですね！
男：あのさ、田中さんてわかる？
新人：はい！　ドリンクの作り方とか教えてもらいました。
男：どうだった？w
新人：どう、とは……？
男：めんどくさいこと言われなかった？w
新人：あ、いえ特に……。
男：正直に言ってみ？　田中さんのこと、あんま好きじゃないっしょ？
新人：いえいえそんなことないです。
男：ほんとにぃ〜？　田中さんの嫌いなところ教えてよぉ〜w
新人：田中さんのことまだ全然知らないですし。
男：顔がウザいとかさw
新人：ないですよ……。

あと新人を派閥に入れようとしてくる人もいますよね

この仕事辞めてもいくらでもあるからないろんな繋がりで

人脈だけで生きてきた男

男：あーあ。もう会社辞めちゃおっかなぁ。
友：まぁそれもありだとは思うけどさ。
男：だってこの会社にこだわる必要ないじゃん？
友：まぁ、新しい仕事探すのが大変だとは思うけどね。
男：いや、この仕事辞めてもいくらでもあるからな、いろんな繋がりで。
友：……そうなの？
男：うん、飲食業界とかにも知り合いいるし。
友：……そうなんだ。
男：あ、不動産関係にも知り合いいるわ。
友：へー。
男：てか、会社立ち上げてもいいしね。知り合いの社長さんとかでお金出してくれる人いるだろうし。
友：そんな簡単にいけるもんなの……？
男：学生時代バイトしてた居酒屋の常連さんでさ、おれのことめっちゃ気に入ってくれてた社長さん、いたんだよね。久々に連絡してみようかな。
友：「学生」「バイト」……。「常連さん」……？
男：電話まだ繋がるかな、10年くらい前だからな〜。
友：10年前……？

ちなみに来週の日曜空いてる？

内容言わずに予定だけ確認してくる先輩

男：**お疲れ！**
後輩：お疲れ様です。
男：**あれさ、ちなみに来週の日曜って空いてる？**
後輩：来週の日曜ですか？　なんかありました……？
男：**いや、空いてる？**
後輩：まぁ、空いてるっちゃ空いてますけど……。
男：**お！　空いてる？**
後輩：いや……まだわかんないすね！　遊びですか？
男：**うーん。じゃあ他のやつに聞いてみるかなぁ。**
後輩：……もし合コンとかだったら全然。
男：**いや無理しなくていいよ。**
後輩：いや……いけます。
男：**マジで⁉**
後輩：は…い……。
男：**サンキュー！　引っ越し手伝って欲しくてさ！**
後輩：すいませんやっぱ予定あります。

先輩がやってはいけない行動トップ10には入ってます

おー気づかんかった。ういっす

絶対に自分からは挨拶しない男

（同僚が出勤してくる）
男：（チラ見）
同僚：……。
男：（スマホを見る）
同僚：…おはよう。
男：……。
同僚：……おはよう！
男：おー、気づかんかった。ういっす。
同僚：（絶対気づいてただろ）
男：めっちゃニュース見てたわ。ほら、この人結婚したんだって。
同僚：へー……。
男：ん？　どした??
同僚：いや、別に……。

これってどうすりゃいいの？

いきなりタメロでくる年上の新人バイト

男：**ねぇねぇ。**
先輩：はい……？
男：**これってどうすりゃいいの？**
先輩：あ、ドリンクの作り方ですか？
男：**うん、おれハイボールしかわかんなくてさw**
先輩：あぁ……一応ここに作り方貼ってあるので…。
男：**あ、本当だw　全然気づかなかったw**
先輩：……ははは。
男：**でも教えてよ。たぶんそっちのほうが早いw**
先輩：……わかりました。
男：**サンクス！**
先輩：あの……。
男：**ん？　どしたぁ？**
先輩：入ってまだ2日目とかですよね…？
男：**うん！　まだピチピチよw　それがどうしたの？**
先輩：いえ……なんでもないです。
男：**んだよそれぇ～w**
先輩：……。

うんうんうん はいはいはい あーなるほどね わからん

解決してくれる雰囲気だけ出す男

男：どしたー？
後輩：取引先に送るメールなんですけど。
男：うんうんうん。
後輩：前にもらったテンプレートで作ってて。
男：はいはいはい。
後輩：ただ今回ちょっと特殊じゃないですか？　このテンプレ通りでいいんですかね？
男：あーなるほどね。
後輩：そうなんですよ。
男：わからん。
後輩：え……。
男：おれもテンプレ以外のパターン初めてだもん。違う人に聞いて。
後輩：……。

ちなみに彼氏とかはいるの？

新入社員が入るたび彼女にしようとする男

新人：中川です。よろしくお願いします。
男：初めまして。よろしくね！
新人：はい、よろしくお願いします！
男：中川さんって、ちなみに彼氏とかはいるの？
新人：……はい？
男：あーこれセクハラじゃないよ？w　いるんだったらほら、残業とか頼みづらかったりするじゃんw
新人：あー……いないです。
男：あ、そうなんだ！　ちょっと今日ご飯行かない？
新人：……え？
男：いやほら、仕事のこととか色々話しておきたいし。
新人：あー……今日はすいません。
男：あれ～？　本当は彼氏いるんじゃないだろうねぇ？
新人：……。

明日の会議って何時？（いろんな人に聞く）

1人の情報だけでは信用しない男

男：あれ、明日の会議って何時？
同僚A：確か13時からだね。
男：サンキュ。
（5分後）
男：ねぇねぇ。
同僚B：ん？　どした？
男：明日の会議って何時からかわかる？
同僚B：13時だね
男：やっぱそっか、うぃーす。
同僚A：……。

そいつのしっかり具合とかで信頼度変わってくるけどもさ

え〜とコピー、ペースト、コピー……

自分の作業を実況する男

男：え〜と、コピー、ペースト、コピー……。
同僚：……。
男：これをここに貼り付けてと。んー…で、どうすんだっけかな。
同僚：……。
男：で、元のやつを消せばいいのか。そうだよな……。
同僚：……。
男：ありゃ⁉ 全部消えちった！ あらら⁉
同僚：（うっせぇなぁ）
男：いや落ち着け落ち着け、間違えたときはコントロール……何だっけ⁉
同僚：（Zな）
男：あれ？ コントロール……はれ⁉
同僚：（Z！）
男：あー思い出した、コントロールXだ。
同僚：Zですよ！
男：え……？
同僚：あ…すいません。
男：ははは、あまり大きい声出さないようにねw
同僚：（こいつ……）

こういう、悪い人じゃないけど、困ったおじさんいますよね

それ今じゃやなきゃダメ?

質問を質問で返してくる男

新人：すいません、ちょっと質問なんですけど。
男：ん?
新人：カード会計のやり方を教えて欲しいんですけど。
男：それ今じゃなきゃダメ?
新人：はい……?
男：うん、それ今教えなきゃダメかなぁ? どう思う?
新人：あぁ…。カードのお会計があったときに聞いたほうがいいですか?
男：うん、だから、どう思う?
新人：そう……っすね、じゃあそうします。
男：え? ほんとにそれでいいの?
新人：え……。

彼氏さんと深い話できてる？

ごちゃごちゃうるせーバイトの店長

男：そういえば彼氏さんと付き合って長いっけ？
女：一年くらいですかね
男：そっか……彼氏さんと深い話できてる？
女：……はい？
男：やっぱこう、腹割って話さないとさ。
女：まぁ……そうですね。
男：一年くらいが分岐点というかさ。今の時点で気遣ってたら、たぶんずっとこのままだと思うんだよね。
女：はぁ……。
男：ままま、気遣ってるのがデフォルトの人もいると思うんだけどね！ ……誰が相手でも心開かないタイプというか。彼氏さんはそういうタイプではない？
女：……なんでも話すタイプだと思います。
男：そっか。ならいいんだけどね。そのなんでもが、軽い話ばっかだとそれはそれで良くないけどね！
女：……最近なんかあったんですか？
男：……5年付き合った彼女にフラれてさ。
女：……なるほど。

まぁテキトーで雰囲気で

優しいけど何も教えてくれない男

男：コンビニのバイトは初めて〜？
新人：はい、初めてです……！
男：まぁそんな緊張せずに〜。間違えてもいくらでもやり直し効くからさ〜。
新人：ありがとうございます…！
男：じゃあまずレジ打ちからやってみようか〜。
新人：はい！
男：まぁテキトーで、雰囲気で。
新人：……あ、初めてで全くわからないんですが。
男：コンビニで買い物したことはあるでしょ？
新人：……それはあります。
男：まぁ、あんな感じで、ピッてやってお金もらってポチってする感じで〜。
新人：全くわからないです……！
男：間違えても全然大丈夫だから、リラックスして〜。
新人：……。
男：ゆる〜りとやりまひょ〜。
新人：……誰か教えてくださーい！

まず仕事を覚えてから手を抜きたいですよね

あの人全然仕事できないすよねw

1年目で早くも先輩をいじり始める男

男：……ぷっw
先輩：ん？　どした？
男：いや、あの太ってる人、ずっと見てるんすけどぉ。
先輩：あぁ、原田くん？
男：あの人全然仕事できないすよねw
先輩：え…？
男：だって2つのこと指示されたとき、絶対テンパってますよねw
先輩：ま、まぁ……。
男：たぶん頭の中で2つのことが処理できないんでしょうねw
先輩：……。
男：これからあの人のこと『テンパリマン』って呼ぼうかなw
先輩：君ちょっと早いかもな。

あれができるかできないかなんすよね

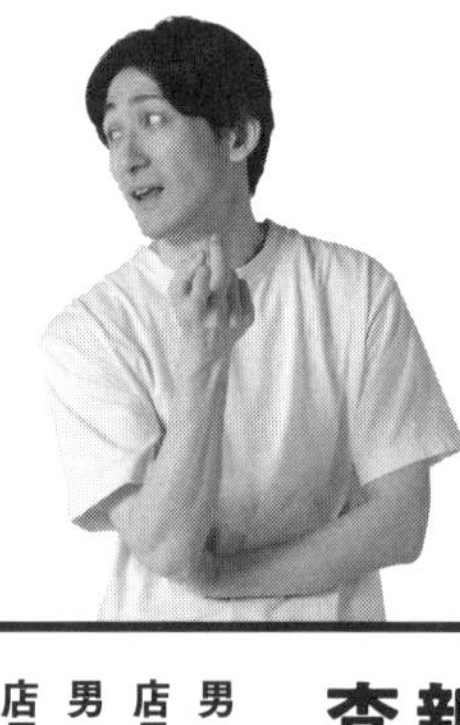

新人バイトを勝手に査定する先輩バイトの男

男：店長。どうすか？　……あの新人使えます？
店長：ん……？　あぁ、頑張ってると思うよ。
男：ですよね！　……仕事覚えるのも早いし。
店長：そうだね。
男：あ、ほらほら。
店長：……？
男：戻ってくるときに空いてるグラスないか見てるじゃないですか。
店長：あぁ……。
男：あれができるかできないかなんすよね。
店長：…そうなの？
男：おれの経験上、あれができるやつは伸びますね。
店長：経験上……？
男：はい。要は仕事を常に探してるってことなんすよ。
店長：……。
男：あいつは伸びるなー。新人としては合格点あげていいんじゃないすか？
店長：……君もうちで働いてまだ半年だよね？

最近、保険を見直しました

うん、で？
SEDAN ALL PURPOSE

今日は…85点かな

カギをなくしました

今日の株価は……
なんつってw
私がやりました

ロン！ 18000！

トルコアイス〜w

おーい、麦茶持ってきて

そうだっけかな〜

この坂を登ったら
新しい景色が
見えるかな

この街に決めた

大学〜NSC時代

村から町へ　町から大都会へ

大学受験を控えた僕は、田舎ならではの「国立大学に行って公務員になるのが一番いいルート」という刷り込みから当たり前のように国立大学を目指すのですが、富山大学に行くと知り合いが多いので、少しずらして新潟大学に進学します。

僕は徐々に生まれ育った村から離れていくのでした。

大学といえばサークル活動ってことで、ベタですが飲みサークルに入りました。

なんていうか、一軍って言われるような人たちのメインのところに行きたいっていうのはずっとあったとは思います。小学生の時はひょうきんな陽キャで、中学校で陰キャになり、高校のときは少し明るくなってミックス（?）だったから、飲みサークルに入れば楽しい大学生活の始まり！　と、期待を抱いていたわけです。

しかし、いざサークルの会に参加してみるとやっぱり合ってないんですよ（笑）。その場では明るく振る舞うけど、本当はもうちょっと静かにしたくて、サークルメンバーの中でも数少ない陰キャ寄りの人と話してましたね。

そして、大学2年生になると人生初のバイトを始めます。

陽キャのバイト代表・居酒屋です。ここでバイト仲間と和気あいあいと働くイメージでしたが、2年生から始めたのが不運でした。

店にはすでに先に働いている同級生や1年生がいて、僕は新人。当然、仕事は僕のほうができません。向こうからしたらタメ口でもいいのに、僕にとっては先輩なので敬語を使ってました。和気あいあいどころか距離ができる一方で……。

何か月か経ち、店長に呼ばれてこう言われました。

「仕事は全然いいんだけど、もうちょっと他のバイトの子とコミュニケーション取ったほうがいいんじゃない？」。

あ、俺そんなダメな奴なんだ、コミュニケーションが取れない奴なんだってめちゃくちゃショックでした。他のみんなは仲間みたいな一体感があったのに、僕はあまり喋ってなかったから、きっと店長は心配して言ってくれたんだと思います。

僕はショックを受けながらも「仕事できるようになったらタメ口にしよう」と、こっそり思ってました（そういう変なところがあります）。ところが、大学生のバイトってみんなやる気があって仕事を楽しんでて、店長と同じレベルの仕事をガンガンやっちゃうんです。僕が入った時点でほとんどの人が1年くらい経験を積んでいて、もう一生追いつけなかったです。

居酒屋は半年くらいで辞めました。めげずに、次はカラオケのバイトに応募しました。面接を前に、居酒屋の店長の指摘をいつまでも気にしていた僕は、もう自分を良く見せようとせずに正直にいこうと決めました。

「人付き合いがそこまで得意じゃないです」

結果、落ちました。自分が面接で落ちるっていうイメージがなくて。真面目風にハキハキ受け答えすれば絶対受かると思ってたのに、素の自分を伝えたら落ちて。あぁ、もう素の自分は落ちるんだと、打ちひしがれました。

そんな陽キャと陰キャの間を行ったり来たりした大学生活。肝心の勉強は、全くついていけなかったです。

大学に入った瞬間は、兄のようにプログラミング系の会社に行くか、公務員になるかと考えていたのに、まずプログラマーが無理だとわかりました。次に公務員試験の本を見に行ったら分厚かったんでもうやめて。卒業できるギリギリの単位しか取ってなかったから大学3年の時点で諦めてしまい、就職活動すらしませんでした。

じゃあ好きなことやろうって、NSCに行くことを決心しました。

意外かもしれませんが、親は賛成もしないけどそこまで反対はしませんでした。兄二人がすでに就職していたからなのか、末っ子だからなのか、結局「自由にしなさい」と言ってくれました。こうして、みんなが就活するような時に僕はNSC行きを決めて、一年後に入るつもりで資金を貯めるために、深夜のコンビニバイトを始めました。面接の際は、もう素の自分は伝えませんでした。

大学を卒業し、ついに僕は上京しました。

東京に引っ越した時点で貯金はもうすっからかんになってたので、すぐにバイトを探しました。

求人フリーペーパーの一番先頭に一番でかく「冬はスノボで決まりっしょ！」って書いてあるカラオケ屋に決め、働くことになりました。

東京に来たらいけるかもしれない。知らない場所で生まれ変われるかもしれないと、再び陽キャへの挑戦をしたのです。ところが……。

僕が入った池袋店は、全国チェーン店の中で売り上げ1位のとんでもなく忙しい店でした。バイトは高校生や派手なギャルとかがいっぱい働いていて、みんな仕事はできるし、社員はバイト上がりの精鋭部隊で酔っ払いの対応にも慣れてるし、上京したての地味な僕とは別世界すぎました。自分からコミュニケーションをとれず、愚痴を言う仲間も作れずで……スノボどころじゃなかったけれど、生活のために働き続けました（今では当時のバイト仲間とはSNSで繋がっていて、昔話をできる関係になりました）

NSCでの生活はめっちゃ楽しかったです。みんな本当にお笑いが好きで来てるんで、その一個のデカい共通点があることでなんかうまくいきましたね。好きなお笑い何？　芸人は誰が好きなの？　とか、会話に困ることもなかったし、始めからなじんでいました。

在籍中はいろんな人とお試しでコンビを組みながら普通の漫才をしてました。先生が5～6人いて各先生の授業があって、ネタ見せをして評価されれば選抜クラスに入れます。そうなればその先生が主催するライブにも出られるので、先生の誰かにハマればいいなと思っていました。

だけど、ランクはずっと下のほう。僕は当時チュートリアルさんやおぎやはぎさん、POISON GIRL BANDさんのような、ちょっとクセがあるけどセンスあるような感じが好きでしたが、自分が面白いと思うことをネタにすることができませんでした。

結局、選抜クラスに入れないまま、あっという間に時が過ぎていきました。NSCでは卒業公演に出れないと吉本興業の所属にはなれないんです。最後のチャンス、卒業まであと3か月くらいの時にトリオを組んで、なんとかネタで選出され、卒業公演のネタのトップバッターとして出演しました。ギリギリで滑り込むことができたんです。

NSCを卒業したのが2008年。

これまで、陽キャとか陰キャとかこだわりすぎて、ずーっと自分のポジションがわかんなかったけど、NSCは陽キャの人もいれば陰キャの人もいて、見た目も様々だけど、そんなことは関係ない世界でした。価値観が変わったというか、これが普通ですよね。

ようやく自分の居場所を見つけました。

その春、NSC13期生として吉本興業に所属。24歳、芸人生活1年目がスタートしました。

しかし、今度は芸人としてのポジションがわからなくなるのです。

（180ページへ続く）

Chapter 3

飲み会編

嫌な男あるある

とりあえずレッドブルウォッカ

確認もせずに特殊なメニュー頼む男

店員：ご注文お決まりでしょうか！
友A：とりあえずビールで。
友B：あ、おれも。ビール2で。おまえは？
男：おれは……とりあえずレッドブルウォッカ。
店員：あ、すいません。置いてないですね……。
男：あ、マジすか？
店員：申し訳ありません。
男：レッドブル系って何ありますす？
店員：……あ、レッドブル系はないですね。
男：あ、マジすか!?
友AB：まずメニュー見ろよ。

居酒屋2回目かな？

おれ帰っていい？w

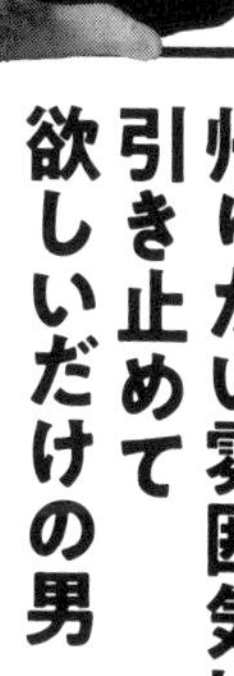

帰りたい雰囲気出すけど引き止めて欲しいだけの男

男：**おーし。じゃあ……おれ帰っていい？w**
友A：なんでだよw　まだ始まったばっかじゃん！
男：**いやー、帰ってやることあんだよねw**
友A：せっかく集まってんだからさぁ〜。
男：**ま、でも、おれがいなくてもいいっしょw**
友A：いないとダメだって〜。
男：**え〜w　じゃあこれ飲んだら帰るよ？w**
友A：まぁとりあえずそれ飲むまではいろって。
男：**は〜いw**
友B：帰りたいなら帰れよ。
一同：……。

水とおしぼり40人数分

仲間には優しいけど店員の敵…な男

男：すいません、お会計！
店員：かしこまりました。
男：あと水とおしぼり人数分。
店員：……人数分ですか？
男：うん、40。
店員：かしこまりました……。
友A：あ、40もいらないんじゃない……？　おれいらないし。
友B：おれもいらないよ。
男：いやもらっときゃいいっしょ。
店員：……。
友B：でも店員さん大変だしさ。……ねぇ？
店員：ははは、そうですね……。ありがとうございます。
男：じゃ38。
友AB・店員：……。

今から40人大丈夫すか？

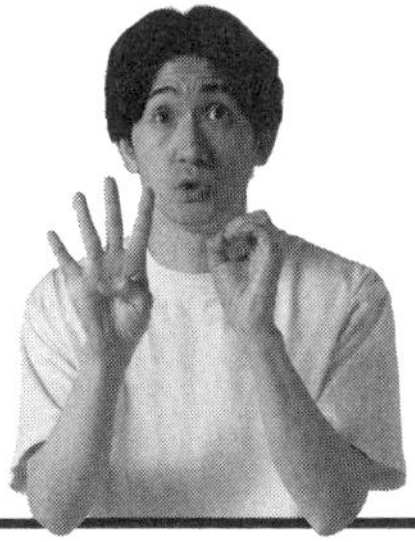

閉店間際の招かれざる男

男：今から40人大丈夫すか？
店員：あぁ……まもなくラストオーダーになるんですが……。
男：全然大丈夫っすよ、今決めるんで。
店員：……かしこまりましたぁ。
男：唐揚げ5、ポテフラ5、枝豆5、シーザーサラダ5で。
店員：……はぁい。あ、ドリンクもラストオーダーになっちゃうんですけど大丈夫ですか？
男：全然大丈夫っすよ。
店員：……。
男：とりあえずビール40、あ、1人3杯ずつくらい頼んどこっか！　120！
店員：……。

あの席は空いてないの？

予約が入ってるって言ってるのに信じない男

男：すいません、3人入れる？
店員：いらっしゃいませ！　ご予約はされてますか？
男：いや、してない。
店員：申し訳ございません、本日お席のほうが予約で埋まってまして……。
男：あー……。
店員：すいません。
男：あれ？　あの席は空いてないの？
店員：あ、あちらのお席もご予約がありまして……。
男：何時から？
店員：20時ですのでもう間もなくですね。
男：じゃあ20時になって来なかったら座ってもいい？
店員：あ、いえ……。
男：ダメ？
店員：そうですね……。
男：一応待っててもいい？
店員：……申し訳ございません。

座敷に決まってんじゃん

自分の当たり前で生きてる男

男：4人。入れる？
店員：はい！　ただいまテーブル席と座敷席がございますが。
男：じゃ座敷に決まってんじゃん。
店員：……かしこまりました、ではご案内します。
男：うん。
店員：こちらになりますね。お先、お飲物の注文はお決まりでしょうか？
男：生に決まってんじゃん、生4。
店員：……かしこまりました。
男：あと灰皿ちょうだい。
店員：すいません、当店禁煙になっておりまして。
男：え!?　は!?　マジで言ってる？
店員：申し訳ございません。
男：赤羽で禁煙の店なんて聞いたことねぇよ。
店員：……。

2時間制っていようと思えばいれるっしょ

大半のルールは破ってもいいと思ってる男

店員：当店2時間制ですが、よろしいでしょうか？
友：どうする？
男：大丈夫っしょ。2時間制っていようと思えばいれるっしょ。
友：じゃあ大丈夫です。お願いします。
（2時間後）
店員：失礼します。お時間が過ぎましたのでご退店のほうよろしくお願い致します。
男：え!? は!? マジで2時間なの!?
店員：申し訳ございません。
友：まぁまぁ、最初に言ってたからね。
男：マジ？ え、店混んでんすか？
店員：そうですね……。
男：え、あそこの席とか空いてんじゃん。
店員：……申し訳ございません。
友：いいよ、行こ。
男：意味わかんねw なんで2時間制なの？ なんのための？w

んあー どうしよっかなぁ

どうせ行くくせに一回渋る男

友：そういえば、今週飲み会あるけどおまえ来る？
男：んあーどうしよっかなぁ。
友：まぁ別に無理しなくてもいいよ。
男：めっちゃ洗濯物溜まってんだよねー。
友：やめとく？
男：んー。
友：……。
男：行くわ。
友：ＯＫ……。

スッと来よ？

いや、おれハイボール

女子がいる飲み会だけお酒を飲む男

友A：じゃ、それで女子たちのドリンクOKね！
女子たち：はーい。
友A：男はビール3と……。
友B：うん！
友C：おけ。
友A：おまえソフトドリンクだよね？　コーラ？
男：**いや、おれハイボール。**
友A：え……？　おまえいつもお飲まないじゃんw
男：**飲むじゃん！　何言ってんの。**
友B：いや飲まないじゃんw
友C：おれらで飲むときいつもソフドリじゃんw
男：**家では結構飲んでるから。**
女：無理しなくてもいいですよ〜。
男：**全然大丈夫！　今日は飲むよぉ〜!?**
友一同：……。

ん〜ど・お・し・よ・う・か・な〜

店員さん呼んでから注文を考える男

男：あ、すいませ〜ん。
店員：はーい！　ご注文でしょうか？
男：ん〜、ど・お・し・よ・う・か・な〜。
店員：……。
友A：あ、じゃあ、とりあえずハイボール1つ。
店員：はい！　以上でよろしかったでしょうか……？
男：あー待ってくださいね、なんか食べたいな〜。
店員：……。
友B：……唐揚げとかは？
男：ん〜唐揚げか〜、なんか違うんだよな〜w
友A：……玉子焼きとか？
男：いやもっと違うw
友AB：……。
店員：……。
友B：すいません、決まったらまたお願いします。
店員：かしこまりました！
男：あ、すいません、唐揚げで。
一同：……。

特別に何とかなんないすか？

理由もなく特別扱いを受けようとする男

男：あと、赤ワイン1つ。
店員：申し訳ございません、ワインは飲み放題に入ってないんですよ。
男：あ、そうなんですね。
友：ウイスキーとかにしたら？
男：あー……特別に何とかなんないすか？
店員：あ、いえ、ならないですね……。
男：もしサービスしてくれたらまたこのお店使うんで。
店員：いやぁ、厳しいですねぇ……。
友：いいじゃん、ある中から選ぼうよ。
男：1杯だけでも無理すか？
店員：いやぁ……。
友：じゃあ別料金でいいから頼も？
男：いや違うのよ、サービスをして欲しいのよ、気持ちじゃんこういうのって。
店員・友：……。

ハイボールって何のウイスキー使ってます？

激安店でウイスキーの銘柄聞いてくる男

友：じゃ、おれビールで。
店員：かしこまりました。
男：**ハイボールって何のウイスキー使ってます？**
店員：……えーとすいません。業務用のやつですね…。
友：何でもいいじゃん、こんだけ安いんだからw
男：**業務用……？　なんてやつですか？**
友：……。
店員：……ちょっと確認してきますね。
友：あ、いいですよw　いいじゃん何でもw
男：**いや変なウイスキーだと悪酔いするからさ。**
店員：……少々お待ちください。
（確認しに行く）
友：いいじゃん、別に。
男：**いやよくないでしょ。**
店員：お待たせしました、『ジムビーム』でした。
友：ははははw　何じゃそりゃw
男：**ん〜……じゃハイボールで。**
友：いいんかい！

ほんとに聞いた意味あった？

お通しカットできますか？

社会人なのにお通し代ケチる男

友A：すいません、4人なんですけど。
店員：いらっしゃいませ！　すぐご案内できます！
男：あのすいません、お通しカットできますか？
店員：……あ、できないですね。
男：あー……どうする？
友B：いやいいだろ別に。
男：あ、マジで？　もうちょいお店探さない？
友C：ここでいいじゃんｗ　金曜だからどうせどこもいっぱいだし。
男：あー……。
友A：お前そんな金ないの？ｗ
男：いやぁ…その分お酒とか料理に使いたいじゃん。
友B：いいってここでｗ
男：ままま……。ちなみにお通しって何ですか？　結構ちゃんとしたやつですか？
店員：ちゃんとしたというか……美味しいと思います。
男：じゃあ、まぁ、いいか……。
友C：ねぇ気持ちよく飲も!?

このお通しのおかわりってできますか？

お通しおかわりできると思ってる男

友B：……食べ物なんか頼もうか。
男：あの、すいません、このお通しのおかわりってできますか？
店員：いや……できないですね。
友C：いやキャベツとかならできるとこあるけどさｗ
男：いや、できるなら、つまみこれだけでいいなと思って。
友A：おまえ、さっきまでお通しカットしようとしてたじゃん。
男：いや美味しかったからさ。
友B：だから金ないの？
男：いやそういうわけじゃないいんだけど、タダでもらえるなら貰えばいいじゃん。
友C：ねぇ気持ちよく飲も⁉

キャベツに味噌つけるタイプのお通しじゃないのよ

これたぶん意外と簡単だよ。混ぜるだけだもん

お通しを分析する男

友：え！　このお通しうんま！
男：うん、うまいね。
友：お通しでこのレベルって、この店やばいね！
男：でも、これたぶん意外と簡単だよ。混ぜるだけだもん。
友：……そうなの？
男：うん。作り置きしとけば超簡単だよ。
友：……簡単でもうまいの、すごいよね。
男：てか、お通しなんて手の込んだもの作れないからねー、コスト的に。
友：あー。
男：いかに良いものに見せるかだよね。ある意味いかに客を騙すか。
友：……。

店側と戦ってるの？

ここのライムサワーって便所みたいな味しますよねw

冗談のレベルを超えてる常連男

友：次何飲もっかな～。
男：**すいませ～ん。**
店員：はーい、ご注文ですか？
友：じゃ僕ハイボール。
男：**じゃあおれ、便所サワーでw**
店員：はい？
友：おい！
男：**あ、嘘ですw　ライムサワーで。**
店員：……かしこまりました。
友：（店員に）すいません！　ごめんなさい！
男：**でも実際、ここのライムサワーって便所みたいな味しますよねw**
店員：……ははは。
友：おいやめろよ！
男：**いや冗談だからw　うまいってことw**
店員：……ははは。
友：……。

出禁で

まず！まず！おれの順番で食ってみて！

好きに食わせてくれない男

友：じゃあ鳥の唐揚げと……。
男：ここはまず冷奴から。
友：……そうなの？
男：うん。それからだし巻き卵ね。
友：……なんか肉系も頼みたいな。
男：まず！　まず！　おれの言う順番で食ってみて！
友：……お、おう。
男：すいません。
店員：はい！　ご注文でしょうか！
男：冷奴と、だし巻き玉子下さい。
店員：すいません。本日だし巻き玉子のほうが売り切れまして。
友：……どうすんの？
男：鳥の唐揚げください。
友：……。
店員：かしこまりました！
友：いや、じゃあ最初から……。
男：次が鳥の唐揚げだったから！
友：……。

本当に言う通りにして満足できたらいいんですけどね

全部タレで。タレでいいよね？

塩派の人はいないと思ってる男

男：あと鶏皮。
店員：タレと塩ございますが。
男：全部タレで。タレでいいよね？
友A：あ、鶏皮はタレでいいけど、鶏ももとかは塩がいいな。
男：え⁉　マジで⁉
友B：おれも塩も食べたいな。
男：2人ともマジで言ってる⁉
友A：マジだけど……。
友B：じゃあタレと塩、半分ずつにしようか
男：マジかよ……。
友B：え、いいよね？
男：マジかこいつら……。
友AB：……。

頼まないほうがいい。たぶんアイスくれる（小声）

デザートを注文しない男

友：あと…パフェ食べよっかなぁ。
男：（小声で）頼まないほうがいい。たぶんアイスくれる。
友：え…？　そうなの？
男：うん、タダでちっちゃいバニラアイスくれる。
友：へー！　いいね。
男：おれ黒蜜かけてもらおうかな。
友：え……？　そんなことできんの？　無料のアイスなんでしょ？
男：できるでしょ、だってメニューに黒蜜のアイスあるし。
友：いや無料のアイスにはつけられないでしょｗ
男：そうなの!?　ケチくさ！
友：……。

これ冷凍ぽいな

冷凍かどうか見極めようとする男

友：このマグロ美味しいわ。
男：これ、冷凍ぽいな。（ジロジロ見る）
友：そう……？
男：たぶん冷凍。（食べる）
友：……。
男：あ、うん冷凍冷凍。
友：……。ま、でも冷凍でも美味しければね。
男：まぁね。ただ、冷凍にしては高いけどねw
友：……そうなんだ。
男：あ、たぶんイカも冷凍だ。
友：……。

ドリンク置くときはこうねw

研修中の店員だとわかると強く出る男

男：あれ？ お兄さん、最近入ったの？
新人：あ、そうなんですよ、まだ研修中で。
男：あ、そうなんだ、頑張ってね！
新人：ありがとうございます！
男：一個教えといてあげるわ。
新人：はい？
男：ドリンク置くときはこうねw 取手を客のほうに向ける！
新人：……あ、失礼しました！
男：全然いいよ、徐々に覚えてけばいいからw
新人：……ありがとうございます。
男：あと余裕でできたら、もうちょっと笑ったほうがいいよ。お兄さん表情硬いw
新人：……ははは、わかりました。
男：そうそう！ 笑ったらいい男じゃんw
新人：……。

店員同士でチェック入ってる客です

こっちは客なんだからさ

店員さんに全く寄り添わない男

男：ちょっとテーブルの上のお皿邪魔だね。下げてもらおうか。
友：さっきドリンク頼んだから持ってきたときに下げてもらお。
男：いや呼んじゃったほうが早くない？
友：いやまぁ、そのうちドリンク持ってくるからさ。申し訳ないじゃん、忙しそうだし。
男：別に良くない？　だってそれが仕事でしょ？
友：…いやままま、そうだけどw
男：だって金貰ってんでしょ？こっちが気遣う必要なくない？
友：いや、そうなんだけどさ。多少気遣ってあげてもいいじゃんw
男：いやこっちは客なんだからさ。
友：わかったわかった……。

いいっちゃいいんだけどねぇ……。

居酒屋って大変すよねわかります

店員に理解を示そうとする男

男：うす。
店員：あ、はい、何かご用でしょうか？
男：忙しそうっすね。
店員：あ、そう…ですね。週末なので。
男：居酒屋って大変すよね、わかります。
店員：あ、ありがとうございます。
男：面倒くさい客多いすもんね。
店員：ははは、まぁそうですね。
男：クソ混んでる時にお酒こぼしたりね。
店員：ははは。
男：一番面倒くさい客ってどういう客ですか？
店員：いえいえ、仕事なので面倒くさいとかないですよｗ（用もないのに話しかけてくる客ですかね）

なんか夢追っかけてる人とかすか？

店員の素性を探ろうとしてくる男

店員：こちら、生ビールになりま〜す！
男：**お兄さん、バイトですか？**
店員：あ、はい、そうですね。
男：**いくつですか？**
店員：28ですね。
男：**なんか夢追っかけてる人とかすか？**
店員：いえいえ、普通にフリーターです。
男：**28で!?**
店員：……はい。
男：**じゃあなんか資格の勉強中とか？　就職に向けて。**
店員：いえ全く……。
男：**就職とかしないんですか？**
店員：そうですね、今のところは。
男：**へー……。**
店員：……。
男：**絶対なんかやってるでしょ？　バンドとか。**
店員：いえいえ……。
男：**……なるほど、言いたくないいんすね。**
店員：……ははは（はい、あなたには）。

お兄さん今度飲み行きましょ？

居酒屋の店員とプライベートで会おうとする男

男：お兄さん、髪型とか雰囲気とか、お洒落っすよね。
店員：いえいえ、ありがとうございますw
男：絶対私服とかカッコいいでしょ？
店員：いや普通ですよw
男：え、お兄さん今度飲み行きましょ？
店員：……ははは。
男：いやマジでマジで。おれお兄さんと友達になりたいっす。
店員：……マジですかw　嬉しいですw
男：本当行きましょ？　LINE教えてもらってもいいですか？
店員：……勤務中はスマホ持ってないんですよ～。
男：あ、じゃあID書いた紙渡すんで連絡してもらってもいいですか？
店員：…ははは、わかりました～。
男：シカトとかやめてくださいね。
店員：……。

一人っ子っぽいよね

兄弟の予想に含みを持たせる男

男：おまえってさ、一人っ子っぽいよね。
友：そう……？
男：うん、なんとなく。兄弟いる？
友：弟いるけど。
男：え！　意外！　じゃあ弟の面倒とか見たりしてたの⁉
友：まぁ小さいころはね。
男：え〜！　全然イメージできないわぁｗ
友：……。
男：あとB型っぽいよね。
友：O型だけど。
男：いや絶対B型だって！　もう一回検査してもらったほうがいいよ！ｗ
友：……。

富山弁ってどんな感じ？ちょっと喋ってみて

方言を喋らそうとする男

男：あれ？　お前って出身どこだっけ？
友：おれ富山だよ。
男：富山⁉　全然方言出ないね⁉
友：あーまぁそうだね、東京長いしね。
男：富山弁ってどんな感じ？　ちょっと喋ってみて。
友：……えーなんだろ、まぁ関西弁に近いイントネーションだったりするかな。
男：ちょっと喋ってみて。『このお酒美味しいね』を富山弁で。
友：……この酒うまいのぉ、とか？
男：のぉ⁉　のぉ⁉　のぉ⁉w
友：……ままま。
男：今日はずっと富山弁で喋ってよ！
友：なんか嫌です。

これ以上しつこいとアウト

モチベ↘?モチベ↗でしょw

イントネーション警察

友：最近、モチベが上がんなくてさぁ。
男：**モチベ↘? モチベ↗でしょ。**
友：え……? あぁ、そうなの?
男：**うんw**
友：いや、でさ、モチベ上げるために色々……。
男：**だからモチベ↗なw**
友：どっちでもいいじゃん!
男：**いや、気になって話入ってこんわw**
友：……もういいわ。
男：**もうええわ! いい加減にしろ! どうもありがとうございました〜。へへw**
友：……。

相手のテンションを見極めてからふざけましょう

スポッチャ行ったの？わっか！

1個上なのに年寄りぶる男

男：え、おまえらスポッチャ行ったの？　わっか！
後輩：いや歳1個しか違わないじゃないすか〜w
男：いや〜、おれもう無理だもん。スポッチャは。
後輩：先輩も今度一緒に行きましょうよ〜。
男：いや〜、なんかそういう場所を楽しいと思わなくなっちゃったんだよな。
後輩：え〜、じゃあどういう場所なら楽しいんですか？
男：もっと落ち着いたところ。
後輩：例えば？
男：バーとか。
後輩：……そうすか。
男：うん。

おれは基本赤ワイン

聞いてもないのに教えてくる男

男：おれは基本、赤ワイン。
友：ん？
男：大勢で来たとき以外はね。
友：あぁ……そうなんだ。
男：うん、お酒を楽しみたいときは赤ワイン。
友：へー……。
男：で、基本、チーズ。
友：そっか……。
男：以上、おれの基本情報でした。
友：ありがとう……。

基本、全部、聞かれてからで

お店の赤ワインなくなるまで飲んで怒られんなよ〜昔のおれみたいにぃ〜

なめらかに自分の武勇伝に持っていく男

後輩：赤ワインおかわりください。
男：いや、おまえ赤ワインめっちゃ飲むじゃんw
後輩：僕、結構好きなんですよね。
男：おまえ、お店の赤ワインなくなるまで飲んで怒られんなよ〜。昔のおれみたいにぃ〜。
後輩：え……？　そんなことあったんすか？
男：ん？　あぁそうだよ、あんとき焦ったわ〜。
後輩：……お店の赤ワインなくなることなんてあります？
男：知らねーよ。お店の人に言えよw
後輩：……は、はぁ。

おれも昔は

そう思ってたんだけど

自分のほうが常に先を行ってる男

友：いや最近さ、やっぱプライベートを充実させないと仕事も楽しくないなと思ったんだよね。
男：あー、おれも昔はそう思ってたんだけど。
友：……？
男：いやおれもね、そういう時期あったんだけど、今はやっぱ仕事だなってなってる。一周回って。
友：なるほど……。
男：一回仕事に100かけてみ？ 世界変わるよ。
友：……いや、一回仕事に100%でやった上で、やっぱ疲れちゃうなって思って。
男：いやおれも昔はそう思ってたんだけど、今思えば100じゃなかったなって思う。もっといけるなって。
友：まぁ……それぞれの価値観だよね。
男：おれも昔はそれぞれの価値観だと思ってたんだけど、今はこれが真理だなって辿り着いた。
友：……。

今のうち遊んどきな

先に社会人になった大学の先輩

後輩：先輩、会社どうすか？
男：**あのね、甘くない。**
後輩：やっぱ大変すか？
男：**めちゃくちゃ大変。**
後輩：そうなんすね。
男：**1個だけ言えるとしたら……今のうち遊んどきな。**
後輩：は、はぁ……。
男：**大学生ってどんだけ暇だったんだよって思うよ。**
後輩：……なるほど。
男：**今日も休みだけど、頭のどっかで仕事のこと考えちゃうもん。**
後輩：……大変すね。
男：**そだ、1本仕事の電話してきていい？**
後輩：はい、もちろん。
男：**いや、やっぱいいや！　切り替え切り替え！**
後輩：……。

そのまま仕事行っちゃってください

もしもし？どした？また何か聞きたいの？

仕事の電話の内容を周りに聞かせたい男

男：あ、ごめん、ちょっと仕事の電話出てもいい？
友：あ、うん。
男：もしもし？　またおれに何か聞きたいの？w　どした？w
友：……。
男：いやだからさ〜w　そんなの簡単じゃんw　パパッとプログラム書き換えりゃ済む話じゃ〜んw
友：……あの、もうちょいボリューム抑えて。
男：ん？　あ〜、ごめんごめん。……いやだからさ〜w　もういいわ、おれがやったほうが早いw　そのまにしといてw
友：ねぇ、静かに。
男：（OK）。…おれがいなきゃ何もできないじゃ〜んw
友：……。

実際これくらいのメンタルの人の方が仕事できるから困る

写真とかはない。撮らないもん

頑なに彼女の写真見せない男

友A：え⁉ おまえ、彼女できたんだ⁉
男：うん。
友B：え、見たい見たい！ 写真とかないの⁉
男：写真とかはない。写真撮らないもん。
友A：…LINEのアイコンとかは？
男：なんかの動物になってるわ。
友B：…どんな感じの人？
男：普通だよ、普通。
友A：かわいい系？ 綺麗系？
男：普通。
友B：……えー、どんな感じの子か気になるなぁ。
男：いやもういいだろ！
友AB：……。（そんな怒る？）

写真はいいけどちょっとだけ情報は欲しいよ

彼女が勝手にスマホ見たの？やっぱ女って怖ぇ〜

女子を悪者に仕立て上げる男たち

男A：てか、何で浮気バレたの？
男B：浮気相手とのLINE見られちゃって。
男A：彼女が勝手にスマホ見たの？ やっぱ女って怖ぇ〜。
男B：怖いよな〜。ロックとか解除されたからね。
男A：え！ どうやって⁉
男B：おれの生年月日の番号を組み替えたやつだったんだけど、たぶん片っ端からやって。
男A：ぶーわ！ 怖ぇ〜‼ 鳥肌立ったわ‼
男B：な〜‼

寂しかったんよな

女心わかってる感を出してくる男

男：**ま、でもさ、その浮気相手のこと、本気で好きなわけではないでしょ？**
女：うーん。いや好きかも。
男：**いや、好きじゃないと思うよ。本当は今の彼氏が好きでしょ？**
女：え？　いや、今の彼氏はちょっと違うのかなぁと思ってたから。
男：**いや、本音じゃないね。**
女：……はい？
男：**だから要はさ、寂しかったんよな。**
女：あ、違うちがう。言い方悪いけど、乗り換えようかなみたいな。
男：**……。**
女：……。
男：**あ〜そっちパターンね！**
女：……。

おまえらはあっち行ってろ

泣いてる女子を独り占めしようとする男

（女子が泣いている）
男：なつみどうした？　大丈夫？
友A：どうしたー？　なんかあった？
男：いいから！　おまえらはあっち行ってろ！
友B：どうしたの？
男：おまえらに関係ねーから！
友AB：……。
男：なつみ？　おれになら言える？　何があった？
なつみ：（答えず泣き続ける）
男：誰かに酷いこと言われた？
友A：酒飲み過ぎて気持ち悪くなったとか？
男：いいって！　お前らは自分の席で飲んでろ！　今はそっとしておいたほうがいいから！
友AB：……。
なつみ：ひとりにして欲しい……。
男：ほら聞こえたろ！　どっか行けってさ！
なつみ：いやあなたも。
男：えっ!?

泣いてる女子を利用して何かを得ようとしていますね

ははは。じゃ、おれ帰りますわ

急に帰るとか言い出す男

友A：で、よく見たらウンコ踏んでたんだよねw
男：**マジで？w**
友B：しかも入社式の日にだもんなw
男：**ははは。じゃ、おれ帰りますわ。**
友A：え⁉
友B：え？　え？
男：**濃い1時間でした！　お疲れさまでした！**
友A：……お疲れ。
友B：……お疲れぇ。
（帰る男）
友A：……なんか怒ってた？　汚い話とか苦手だったかな？
友B：いや、たぶんああいう奴なんじゃないかな……。
友A：あぁ……。

ここって家賃とかどれくらいなんすか？

店主に込み入った質問してくる男

男：**初めて来たけど、いいお店ですね。**
店主：ありがとうございます。
男：**立地もいいじゃないですか。最高っすね。**
店主：ありがとうございます、またぜひご利用くださいませ。
男：**え、ここって家賃とかどれくらいなんすか？**
店主：……はい？
男：**絶対高いでしょ、この立地。**
店主：……そうですね、なかなか大変ですw
男：**いくらですか？**
店主：……ははは。
男：**80万とか？　もっと？**
店主：いやいやいやw
男：**おれ、不動産やってる友達いるんで、大体わかりますよ。**
店主：……。

ここってバイト募集してます？

行きつけの店で働こうとして変な空気にする常連客

男：お兄さん聞いてくださいよ〜、僕バイト辞めちゃってぇ。
店員：あ、そうなんですか？
男：そうなんですよ〜、店長がめっちゃ腹立つ奴で、ケンカして辞めちゃいましたw
店員：ははは、まぁそういうこともありますよね。
男：ちなみに、ここってバイト募集してます？
店員：ここですか……？
男：この店のメニューとか結構わかってるんで、即戦力になりますよw
店員：…今はしてないと思います。
男：マジすか？　なんか募集の紙貼ってありますよね？
店員：あれはずっと貼りっぱなしのやつで。
男：マジか〜。ちょっと枠空いたら教えてくれません？
店員：……ははは。お飲み物大丈夫ですか？
男：じゃあハイボールで。あ、おれ作りましょうか？練習でw
店員：……ははは。

大将、このきゅうりにタルタルかけてみたら？

勝手に創作料理を提案してくる常連客

男：大将、このきゅうりにタルタルかけてみたら？
大将：……はい？
男：このきゅうりの漬物さ、塩っ辛いじゃん？
大将：……そうですね、漬物なので。
男：タルタルかけてまろやかにしたら美味しそうじゃない？
大将：……ははは。
男：いや、マジで。
大将：……。
男：なんか目玉商品欲しいでしょ？
大将：まぁ……そうですねｗ
男：でしょ？　1個くらい攻めたメニューあってもいいと思うんだよな。
大将：……そうですねぇ。
男：今タルタルってある？
大将：……ないですね。
男：え？　このチキン南蛮のタルタルは？
大将：……ちょうどの量しかないです。

ランチとかもやったら？

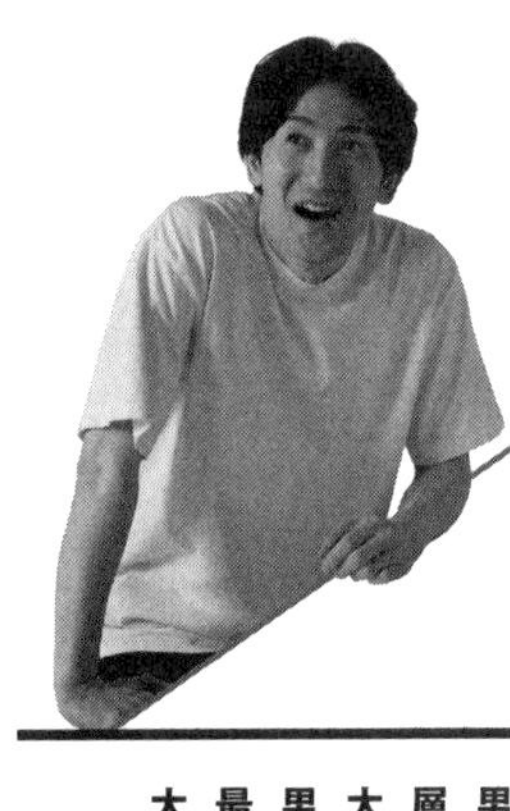

お店の経営方針に口出ししてくる常連客

男：大将、ランチとかもやったら？
大将：はい……？
男：経営大変でしょ？　ランチやって少しでも稼いだら？
大将：人手がなかなかw
男：おれの知り合いの高校生とか紹介してあげようか？　友達の子供でバイト探してる子結構いるからさ。
大将：…ははは、ありがとうございます。
男：ここって安くないじゃん？
大将：……。
男：ランチだったら安く出せるでしょ？　そしたら客層も広がるしさ。
大将：……お飲み物よろしかったですか？
男：あ！　そうだ！　日本酒もっと充実させたら？　最近流行ってるしさ！
大将：ビールでよろしかったですか？

ねぇ大将、おれ作っていい？

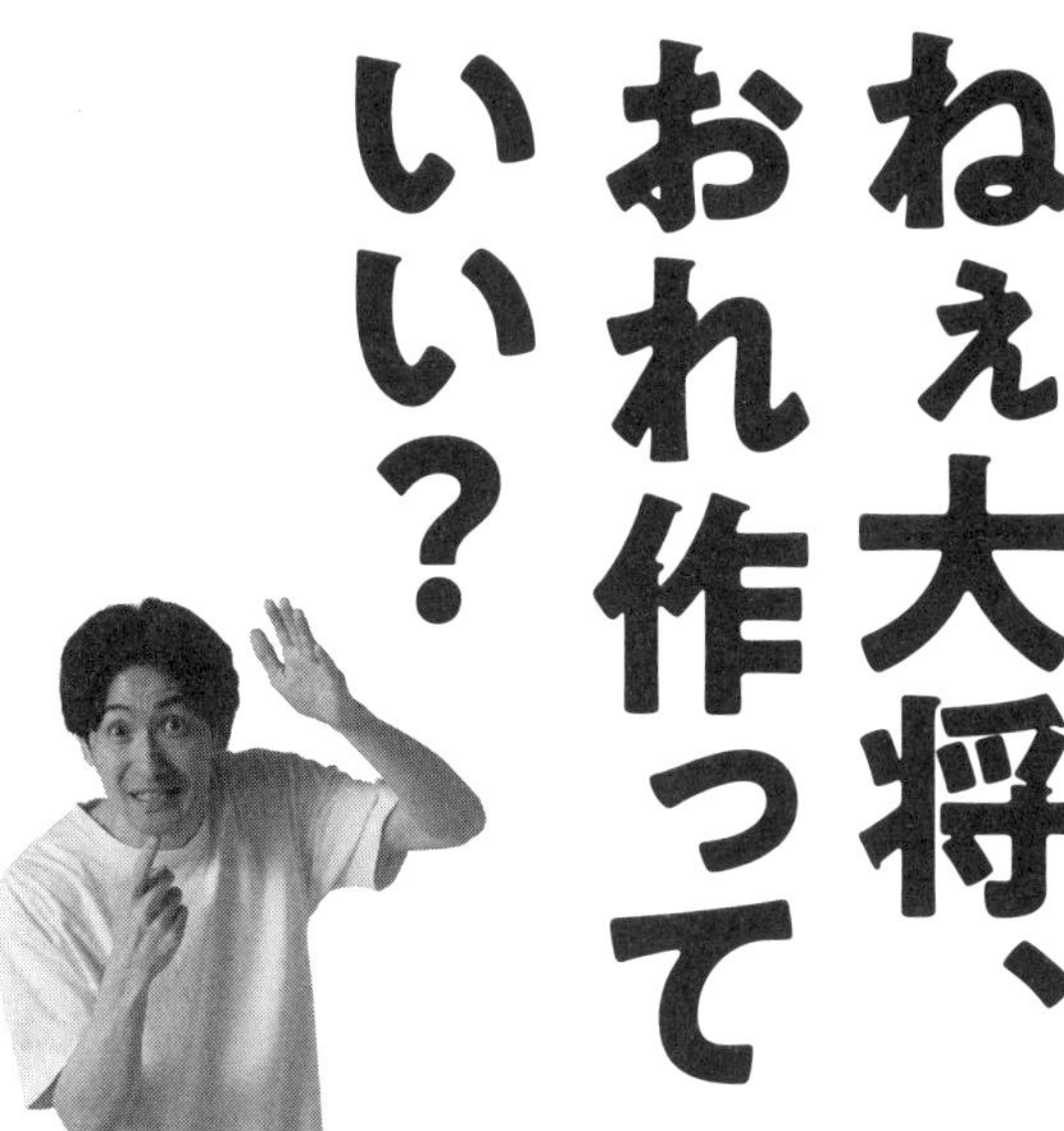

厨房に入ろうとする常連客

男：**やっぱ上手いね〜。玉子焼き作るの！**
大将：ははは、まぁずっとやってますからね。
男：**ねぇ店長、おれ作っていい？**
大将：……ははは。
男：**いやおれ、毎週大将の手捌き見てるから、マジ自信ある！**
大将：……加藤さんもお家でお料理されますもんね！
男：**ねぇ作らせて？**
大将：……危ないっすよ〜w
男：**いや大丈夫。**
大将：……ははは。
男：**野菜切るのもダメ？**
大将：……はは。
男：**皿洗いからならオケ？**
大将：……。

いっぱいお金使ってあげてください。店長さんすごいいい人なんで

他の客に余計な声掛けをする常連客

（カウンターで飲んでいる）

男：お兄さん、このお店初めてですか？

客：はい……？

男：ここ初めて？　あんまり見ない顔だなと思って。

客：……あ、そうですね。初めてです。

男：ここ、いい店ですよね。

客：そうですね。

男：いっぱいお金使ってあげてください。店長さん、すごいいい人なんでw

客：……あそうなんですね、わかりましたw

男：僕も売り上げに貢献してあげたいなと思って毎週来てるんですよw

客：……そうなんですね。

男：店長、一番利益率いいメニューって、どれでしたっけ？

客：……。

僕の合図で一緒に歌ってもらってもいいですか？

店員にハッピーバースデー歌わせようとする男

男：お兄さん、すいません。
店員：はい？
男：おれのダチが今日誕生日なんですよ。
店員：あ…そうなんですね。おめでとうございます。
男：で、僕が合図したら一緒に歌ってもらえませんか？
店員：はい……？
男：ハッピーバースデーを。
店員：あー……。
男：ダチの名前、「ゆういちろう」っす。
店員：……か……しこまりました。
男：で、それ、他の店員さんにもお願いできますか？
店員：え……？
男：急にフラッシュモブみたいな感じで、みんなで歌って欲しいんですよね。
店員：あー……それは……みんな仕事中なのでw
男：ほんと10秒くらいなんで。
店員：いやぁ……。
男：できれば他のテーブルのお客さんにも……。
店員：無理っすね！

そういうのやってくれるタイプのお店に行こう

みんな〜！この人も同じ京王線ユーザーらしい！

勝手に知らないグループの客を連れてくる男

男：みんな〜！　この人も同じ京王線ユーザーらしい！
友A：誰……？？
友B：知らない…どなたですか？
男：なんかあっちの席にいた人！聞いたら同じ京王線だったw
友AB：……。
男：よかったらみんなで飲みましょう！　みんないいよね⁉
友A：いや……申し訳ないから。
友B：その方もお友達がいるから。
男：あ、じゃあこの人の友達も合流してみんなで飲もうぜ！
友AB：……。
客：ぜひ‼
友AB：……⁉

早く出てけってよ！

閉店時間が過ぎてるのに逆ギレする男

店員：すいません、閉店時間が過ぎておりますので申し訳ありませんが……。
男：うん、これ飲み終わったら。
店員：…申し訳ありません、もうお時間だいぶ過ぎてますので……。
男：チッ。
店員：……。
男：早く出てけってよ！　こんなに売り上げ貢献してんのによぉ。
店員：……申し訳ありません。
男：なんか割引券とかないの？
店員：……。
男：次回来たとき安くなるとかさ。
店員：……。
男：せめてなんか飴とかない？
店員：もう来んな。

オイオイと ちょっと待てと 聞いてねぇぞと

『と』で区切る男

男：おいおかしいだろと、どうなってんだと、さっきの店員呼んでこいと。
友：うん。
男：そしたらさっきの店員来てさ。
友：うん。
男：「ちゃんと2時間制って言いましたよ」と。
友：えー。
男：いや、オイオイと、ちょっと待てと、聞いてねぇぞと、は？ と。
友：鳩？？

おれ、酒飲んでないから3000円でいい？

お金は得してるけど人間的に損してる男

友A：えーと、1人4500円かな！
男：**おれ酒飲んでないから3000円でいい？**
友A：あー……。
友B：ままま、いんじゃない。
男：**おれウーロン茶2杯とメシだけだから、4500円だと払い過ぎになるからさ。**
友B：わかったわかったw　いいよ。
友A：じゃあ……計算し直すね。ごめん、1人5000円かな。
友B：全然いいよ、楽しかったし！
男：**……なんかごめんね。**
友A：いや全然。
友B：逆におれらが先に気づいてあげなくてごめんね！
男：**……。**
友C：……もう一軒行きますか。

おれ現金ない。PayPayでもいい？

忘年会に現金を持ってこない男

友：じゃあ最初に1人4000円ずつお願いしまーす。
男：おれ現金ない。PayPayでもいい？
友：え……？　いや現金でって言ってたじゃん。
男：あー。……カードは？　無理？
友：いや…じゃ全員分の現金渡すから、お前まとめてカードで払ってくれる？
男：え!?　まとめてカードで!?　支払いヤバイことになるじゃんw
友：しょうがねぇだろ。
男：ちょっと、個別会計できないか聞いてくるわ。
友：君帰って。

あ、おれ……タバコ吸ってから帰るわ

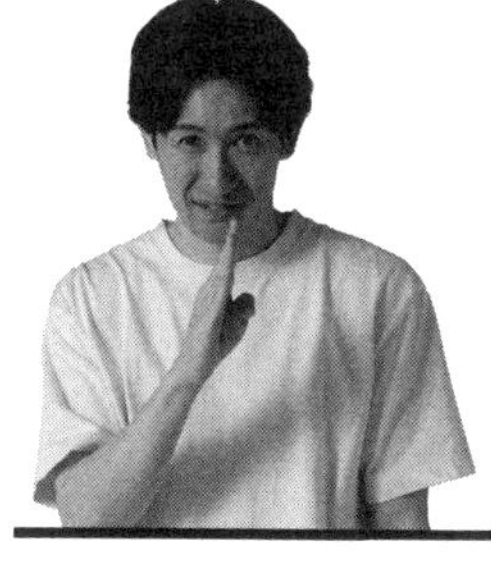

帰り道は1人になりたい男

友A：帰り京王線の人いる？
友B：あ、おれ京王線だわ。
友A：お、じゃ一緒に帰ろうぜ。
友B：おう。あれ？　お前も京王線じゃなかった？
男：**あ、おれ……。**
友A：そうだそうだ、お前も京王線だよね？
男：**……タバコ吸ってから帰るわ。**
友A：じゃあ待ってるわ。
友B：うん、待つ待つ。
男：**いや、いいよw　先帰ってw**
友A：いやなんでw　5分くらいでしょ。
男：**……まぁまぁ。**
友B：久々に集まったんだし、一緒に帰ろうぜ。
男：**……おれ歩いて帰るかも。夜風にも当たりたいし。**
友A：いいね！　おれも歩こうかな。
友B：あ、じゃあみんなで歩いて帰ろうよ！
友A：いいね！　そうしよう！　喋りながらさ。
男：**じゃあ……2人は歩いて帰ってw　じゃあ、おれは電車で帰るわ。**
友AB：……。

芸人時代

トリオとコンビの間で

僕の芸人人生は、NSC卒業公演のときに組んだトリオからスタートしました。

当時、渋谷にあったシアターDという劇場で月に1回行われるステージに立っていました。ここで勝ち上がればヨシモト∞（無限大）ホールにいけるシステムです。全部で30組くらいが出て、「客票」というお客さんの投票によって1組だけが上位のグループに上がれるのですが、この時期がたぶん、一番きつかったですね。

月にたった1回、1分のネタに全てを賭けなきゃいけなくて。今では賞レースの決勝に行くような人たちも当時から面白かったのになかなか上がれなかったり、実力ある人もずっと下にいたりしました。ただ、入ったばかりの僕たちからしたらそういう人たちもまだいるっていう変な安心感もありました。

東京で暮らしてから1年。バイトは確固たる理由がない限り辞められないと思っていた僕は、いろんな人の話を聞くうちに「バイトって辞めていいんだ！」と学びました。1年くらい続けた池袋のカラオケ屋を辞めて、ちょっと憧れてたイタリアンレストラン2軒で働きました。

カッコいいなーと思ってやったんですけど、1軒目は1日、2軒目は1週間で辞めました。

1軒目は新宿にあるおしゃれなお店。初日早々、「これやって」って言われた内容がいきなり本格的だったんでビビりました。

「こうやって、寸胴の中に、三角のこれ、ざるみたいなのを、やって。こう、濾す」と、ざっくり説明されて、わけわかんないままひたすら作業しました。みんな忙しそうで話しかけられなくて、どんどん心細くなって、これは無理だと思ってその日で辞めました。

2軒目も同じパターンですね。パスタ一皿作るごとにフライパン1個使うからその小さいフライパンがばーっと溜まってるんですけど、「それ、洗っといて」って言われて、ゴシゴシやっていたら「ままごとじゃねぇんだから」って注意されて。ちょっと油を残すくらい軽く洗うのが正解だったみたいです。みんな忙しそうで質問できなくてわからないままやっちゃったんですよ。そんな感じで1週間で辞めました。

イタリアンレストラン……僕の人見知りのせいでめっちゃご迷惑おかけしました。

当時はトリオ3人でルームシェアしていて、家賃がめっちゃ安くなったからバイト速攻で辞めてもなんとかやっていけました。バイト先での失敗をルームメイトに話すことができたし、しょっちゅう他の同期が遊びに来たりとかして、若手芸人っぽい賑やかなルームシェア生活でした。

ただ、ちょっと楽しくやりすぎちゃって真剣さが足りなかったですね。芸歴丸1年やってトリオは解散しました。

ここで一回目のピン芸人になった僕は、「天才ぶる人！」とかコントタイトルを言って、ちょっと今に近いことをやってました。お客さんからウケるときもあったり、作家さんもたまに笑ってくれたりして、結局上がれなかったけど多少の手応えはありました。

ただ、初めてピンになって、一人でネタを数作らなきゃいけないっていうのがなかなか辛い作業で。あと、今もそうですけど僕は短いネタのほうが得意で、3分、5分とかの長尺になると尻すぼみになってしまうので、そこにも苦戦して……。

一人じゃ無理かなぁと思って、その後同期だったスカチャンのヤジマリー。の元相方（現在は引退）とコンビを組んだのですが、たった半年で解散しました。

ちょっとやってみてウケなかったら、すぐにダメだなと思って諦めるみたいなのが多かったっすね。芯なかったです。はい、芯なかったっす……。

6年間、バイトもお笑いも長続きしませんでした。

なんか、できる気しちゃうんですよね。コンビやってるときは「これピンになったらもっと面白いことできそうだな」とか、ピンのときは「コンビ組んだらもっとこういうこともできるのにな」とか思うけど、もう本当に想像でしかなくて、実際やってみたら全然できなかったりっていうのが多かったです。

シアターDでは、ずーっとずーっと一番下にいて、そこから抜け出せたのは次のコンビ「LOVE」になってからです。芸人が多くバイトしてるカラオケ店で働いてたときに出会った奥村（現・カルビちゃん）とLOVEを結成しました。

奥村と組めたおかげでようやく一番下から抜け出せて、『エンタの神様』『ぐるナイ！おもしろ荘』『さんまのまんま新春SP』と、テレビに出てネタ見せまでできるようになりました。学園祭の仕事も入って、芸人として月10万円くらい稼げるようになって、ついに長いバイト人生に終わりを告げました。

しかし、結成から5年後の2019年。僕が36歳のときにコンビを解消しました。もともとコントで売れたくて組んだけど、それがちょっと厳しそうだなと感じたからです。おかずクラブや空気階段の後輩たち、一緒にライブをやってた人たちが売れて結果を出していくけど、自分らは現状変わってないなっていう。5年頑張って、どうにも超えられない壁を感じました。

相方になってくれた奥村には感謝しています。奥村に出会うまでの僕は完全に売れない芸人のルートでしたから。

もうあとがない僕は、三度目の正直でピン芸人になりました。ただ、今までとは違って一つ武器がありました。インスタがちょっとバズり始めていたんです。2017年からあるあるネタを上げ始めて、2018年から毎日投稿していたら伸びてきて2019年には最高値の10万フォロワーまでいきました。

じつは、この武器を見つけたのはピースの又吉直樹さんのひと言がきっかけでした。当時、ピースさんが曜日で担当していた番組に1分の若手ネタバトルがあって、僕らLOVEはコントをやらせていただいてました。そのうちに「○○な大学生」みたいな、あるあるネタをやるようになりました。

そしたら又吉さんに褒めてもらえて。「そういうのを一人で、ひと言ネタを何個も作ってみたらいいんじゃない？」と、アドバイスをいただきました。

それ以来、僕はあるあるネタを作り始め、ライブのエンディングでも「ちょっとモノマネやっていいですか？」って一発ギャグみたいな感じでやるようになりました。

さらにありがたいことに、フルーツポンチ・村上健志さんが日常ネタを披露するライブのメンバーに入れてくださって、開催ごとにあるあるのショートネタを作り、舞台でも鍛えさせてもらいました。

ほどなくしてYoutubeチャンネルも開設しました。試行錯誤の末、なんとか生活できるだけの収益をもらえるようになり、その後コロナの影響で劇場の仕事が減ったときもYoutubeがあったおかげで食いつないでいけたんです。

そして、現在もピン芸人・たつろうとして活動しています。

あ、最後にやったバイト、カラオケ屋ともう一個ありました。

ビルの清掃なんですけど、各自何階とかに割り振られて、一人でやる仕事だったんですよ、黙々と。それが人とコミュニケーションを取らないからめちゃくちゃやりやすくて。

一人が一番合ってました。

（おわり）

Chapter 4

嫌な男あるある デート編

看護師って給料いいでしょ？

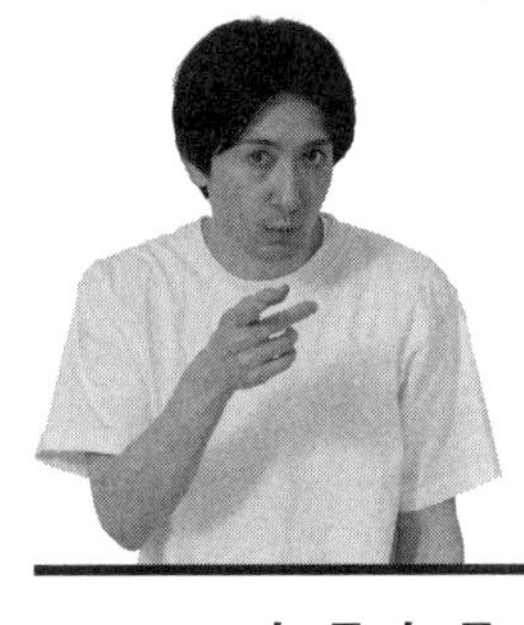

初対面からお金の話する男

女：初めまして。
男：**初めまして。よろしくお願いします。**
女：お願いします。
男：**あれ、ご職業ってメッセージで聞きましたっけ？**
女：そうですね、今看護師やってます。
男：**あ〜そうだ言ってた言ってた。**
女：そうなんですよ。
男：**へ〜じゃあお金には困らないね。**
女：はい……？
男：**だって看護師って給料いいでしょ？**
女：いや……まぁまぁ、そうなんですけど……。
男：**いや同年代の女性とかと比べたらだいぶいいよ。**
女：……はは。
男：**毎月どんくらい貯金に回せてます？**
女：他の話しません⁉

カレーが1500円!?たっかw

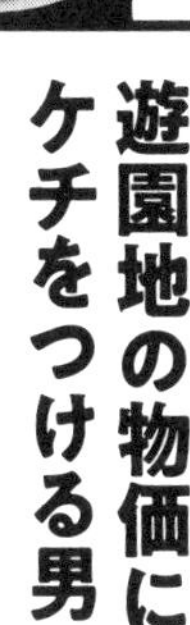

遊園地の物価にケチをつける男

女：お腹へった〜。
男：**あ、うまそう！　色々あんじゃん。**
女：ね〜！　席空いてるかなぁ。
男：**ちょっと待って……カレーが1500円!?　たっかw**
女：…まぁ、こういう場所はそれくらいするよね
男：**いや、にしても高すぎだろw　ぼったくりじゃんw**
女：…あんま大きい声で言わないでよ〜w
男：**だってさ！　ヤバイよこれw　いい商売してやがんな〜！**
女：……。
男：**こんなもん、フランクフルトしか食えねぇじゃんw**
女：……カレー食べようよ。
男：**むりw　騙された消費者になりたくないw**
女：……（遊園地来たことねぇのかよ）。

吉野家とか行かないでしょ？

女性を神格化しすぎてる男

女：あんまりこんな風に女性と食事行ったりはしないですか？

男：う〜ん。やっぱり女性と接するのはなかなか難しいですよね。

女：そうですか？

男：うん、食事行くにしてもね、野菜食べられるところとかのほうがいいだろうし、とかね。

女：そこまで考えなくてもいいと思いますけど。

男：ましてやおれたちみたいに牛丼とかラーメンなんて食べないだろうしね。

女：めっちゃ食べますよw

男：あんまり暑かったり寒かったりするところに連れて行くのも申し訳ないしね。

女：……行きたいところに行くのが一番ですよ。

男：まぁ汗かいても我々みたいに臭くはならないいんだろうけどねw　グヒヒ。

女：（ちょっとこの人ムリかも……）

中学生……？

実家ちょ〜〜〜楽だよw

実家住みかつそれでいいと思ってる40歳

女：今は一人暮らしですか？
男：**ううん、実家！**
女：あ…そうなんですね。
男：**飯も出るし、金もかかんないし、最高よw**
女：……ははは。まぁ貯金もできますしね。
男：**いや貯金は全然ないw**
女：……。
男：**まず必要最低限しか働かないからねw**
女：……いいですね、実家暮らし。
男：**うん！　ちょ〜〜〜楽だよw**
女：（ナシ）

僕は全然いいと思ってます（その分貯金はしてて欲しいけど）

次会うときは3回目になるからうち来ない？

ネットから拾ってきた情報でデートする男

男：あ、そうだ。この店、パンケーキも有名らしくてさ。好きでしょ？　パンケーキ。
女：私パンケーキあんまりなんだよねぇ。
男：あれ……？　マジで……？　そっか…女子で珍しいね。
女：まぁそうかもね。
男：てかさ、次会うとき3回目になるじゃん。
女：ん？　あーうん、そうだね。
男：だから、もしよかったら、うち来ない？
女：「だから」……「うち来ない？」
男：うん！　実家なんだけどさ。
女：……。

このままホテルでも行っちゃう？w

冗談の雰囲気に包んで本音を言ってくる男

女：美味しかったね。そろそろ出よっか。
男：**出るか……。おし！　じゃあ……このままホテルでも行っちゃう？w**
女：いや行くわけないでしょw
男：**そりゃそうかw**
女：ないでしょw
男：**いや～ふざけすぎたw**
女：うん、ふざけすぎw
男：**じゃあ、まぁ、カラオケとか行く？**
女：いや帰るでしょw
男：**……か、帰るかw**
女：あれ……？
男：**帰ろう帰ろうw**
女：ごめん、カラオケはマジだった？
男：**……マジじゃないで～すw　ガハハハハw**
女：（ごめんね…）

かーらーの?ww

楽しい人だけど面白くはない男

女: 今度行こうよ、めっちゃ美味しいから! そこのチーズタッカルビ。
男: **チーズ・ダ・カルビ?**
女: え……?
男: **バスコ・ダ・ガマみたいなねw へへw**
女: ……はは。
男: **あれ、他に好きな食べ物とかあるんだっけ?**
女: え~なんだろ、お寿司とか?
男: **かーらーの?ww**
女: ……からの?w え~、焼肉?
男: **そーしーて?ww**
女: ……あとは、きのこ類とかかな、マッシュルームとか。
男: **つーいーでーに?ww**
女: ……いや、そんなとこかな。
男: **ちゃんとオチつけないとww**
女: はは……。(おまえがなんとかしろよ)

あの俳優不倫してるらしいよw

会話がゴシップ中心の男

女：あのドラマめちゃくちゃ面白いですよ〜！
男：そうなんだ。あ、でもさ、刑事役の男の人いるじゃん。
女：あーはい、渋くてかっこいいですよね。
男：あの俳優、不倫してるらしいよw
女：……そうなんですか？
男：うん。知り合いの人が友達でさ、もう遊びまくってるらしいw
女：ははは……まぁ絶対モテますもんね。でも絶対今からでも見てください、ほんと面白いんで。
男：でもな〜、脚本があの人だもんな〜。
女：え、あの人のドラマめっちゃ面白いじゃないですか！
男：いや、ゴーストライター5人ぐらいいるらしいw
女：……。
男：噂だけどねw　しかもゴーストライターのオーディションまでやったらしいよw
女：……（真っ直ぐ会話しようぜ）。

ちわっす。あずさの彼氏です

彼女のバイト先に迎えに来る彼氏

男：すいませーん。
店員：いらっしゃいませ！
男：あずさってまだすかね？
店員：……はい？
男：あ、ちわっす。あずさの彼氏です。
店員：あー瀬戸さんの。
男：ちす。
店員：瀬戸さん今着替えてるんで、もうすぐ出てくると思います。
男：おけす。てか、あいつちゃんと働いてます？
店員：はい……？
男：いや、家では洗い物とか一切やんないすからねw
店員：……ははは。ちゃんと働いてますよ〜。
男：マジすかw　うっわ、猫被ってるわ〜w
店員：……ははは。

おまえのバッグにさ おれの財布 入れといて

付き合って1か月で早くも旦那感出してくる男

男：**お待たせ〜。**
女：全然！　じゃ行こっか。
男：**うん。……あ、わりぃ、おまえのバッグにさ、おれの財布入れといて。**
女：え……？
男：**おれ落としちゃうからさ〜。**
女：……私が持っていいの？
男：**金の管理はお前に任せたw**
女：（〝かかってる〟なぁ…）

おれなんかと遊んでてもつまんないでしょw

めんどくせぇ自虐男

男：おー綺麗だね。
女：ね〜！　こんな綺麗な夜景が見れるところあったんだね。
男：本当はもっとイケメンと来たかったでしょw
女：え……？
男：ぶっちゃけ、おれなんかと遊んでてもつまんないでしょw
女：そんなことないよ。
男：マジで？w　珍しっw
女：……。
男：いや〜、おれが女だったらさ、こんな奴と遊びたくないもんw
女：なんで？
男：だってイケメンでもないしさ、面白い奴でもないしさ、特別優しいとかでもないじゃんw
女：……（後半2つはがんばれよ）。

おれってブサイクでしょ？

逆張りで欲しい言葉もらう男

女：普通に彼女できそうだけどね。
男：**いや〜、だっておれってブサイクでしょ？w**
女：いやそんなことないでしょw
男：**あ、マジで？　そうなのか……。**
女：うん。
男：**でもほらスタイル悪いじゃん。**
女：いやいいでしょ、むしろw
男：**え〜？　そうなのかな〜？**
女：……（ん？）。
男：**でもトーク苦手だからな〜。**
女：……喋るの大好きじゃんか…（ん？）。
男：**まぁそうか〜**
女：（こいつ…そういうことか）。
男：**でもさ、息臭いじゃんw**
女：……まぁそれはそうだね！
男：**へっ!?**

結局イケメンだったら何でもいいんでしょｗ

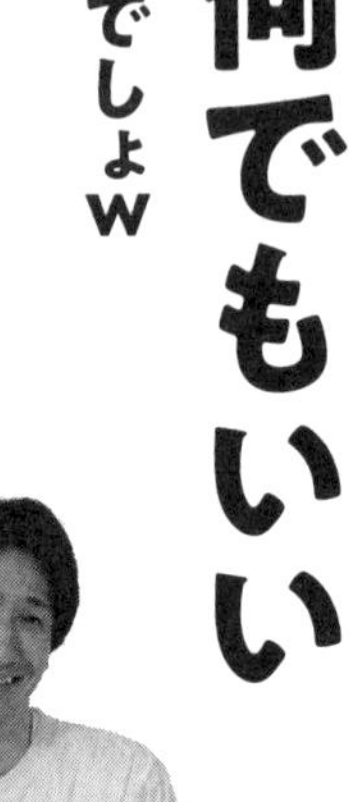

考え方がブスな男

男：どういう人がタイプなの？
女：えー、やっぱ優しい人かな。
男：とか言って、結局イケメンだったら何でもいいんでしょｗ
女：いやいや、そんなことないよｗ
男：佐藤健みたいなやつが言い寄ってきたらさ、どんなに性格悪くても絶対ＯＫするでしょｗ
女：そんなことないけどね。
男：はい絶対ウソ～ｗｗ
女：……。
男：結局女は顔で見てるんよｗ
女：うーん。中身が良かったら、顔もカッコよく見えてくるときあるよ。
男：でもさ、おれがどんなに性格良くても、絶対佐藤健には見えないでしょｗ　それは無理でしょｗ
女：うん、まず性格悪いからね。

そういう女モテないよw

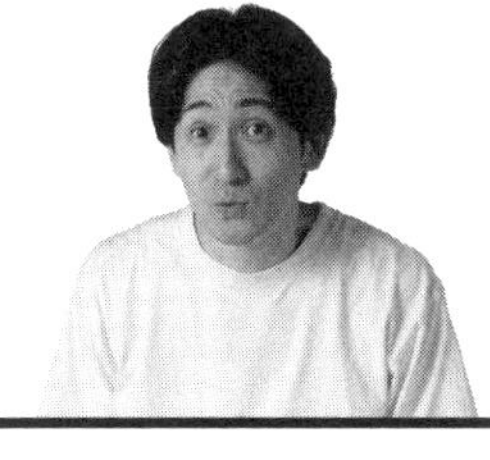

自分の好みじゃないだけの男

男：え〜、じゃあ休みの日は、オタク活動で終わっちゃうんだ？
女：そうだね。
男：いや〜、そういう女モテないよw
女：……こういう女が好きな人もいると思ってるけど。
男：まぁ稀にいる。物好きはねw　でも基本モテないよw
女：……別にモテたくてやるわけじゃないしね。
男：まぁねw　でもモテないよりはモテたほうがいいじゃんw
女：そんな理解ない男にモテるくらいならモテないほうが楽かな。
男：そういう感じモテないよ〜w
女：さよなら〜。

（余計な）アドバイスしたい男多いですよね

男女の友情は絶対に成立しない

（キッパリ）

本気でディベートしようとする男

女：いや別にさ～、お互い何も思ってないんだったら男女でお泊まりするのもアリだと思うんだよね～。
男：**いや、男が何も思ってないってことはないから。絶対。**
女：それは自分がそうだからでしょ～w
男：**違う違う、生物学的に、ありえない。**
女：いや女子とお泊まりしても何も思わない男もいるって～。
男：**いない。男女の友情は絶対に成立しない。**
女：…まぁね～。その意見もわかるけどさぁ。
男：**ソースはあるの？**
女：……？
男：**データは。男が何も思ってないっていうデータ。**
女：……そういう男友達もいたよ～？
男：**それってその人が言ってるだけですよね？**
女：……ねぇ何熱くなってんの～？w
男：**いや議論してるだけ。**
女：……（た、楽しくねぇ…）。

所詮は他人だからなぁw

極論を言って傷つける彼氏

女：私がどうなってもいいってことでしょ？
男：**そんなこと言ってないじゃんw**
女：でもそういうことじゃん。私の気持ちを理解しようとしないってことは。
男：**理解できることに関してはするよ？w　でも無理なこともあるからw**
女：理解しようとはしてよ！
男：**うーん……。所詮は他人だからなぁw**
女：……は!?
男：**いや言っちゃえばね？　男女って他人だからね、夫婦だとしてもw**
女：……だから何!?
男：**だから理解できないこともあるってこと。諦めも大事よw**
女：そのスタンスなんなの！
男：**スタンスというか事実ねw**
女：……。

元カノが超メンヘラでさw

メンヘラはもう無理だねw

元カノを使って牽制してくる男

女：どういう人がタイプなの？
男：まぁタイプというか、まず元カノが超メンヘラでさw
女：そうなんだ。
男：うん、元カノみたいなメンヘラはもう無理だねw
女：そっか……どれくらいのメンヘラ？
男：いや～、毎日電話したがるとか。
女：それぐらいでメンヘラなの……？
男：いやあのねぇ、そういうのが何個もあって、敏感になっちゃってんのよ。そこらへんのセンサーが厳しくなってんの。
女：そっか……。
男：うん、だから、メンヘラじゃなくても、あんまり構って欲しいみたいな感じはちょっとアレかな～。
女：それ、もともとそういう人が嫌なんでしょ？
男：いや、元カノのトラウマ！
女：……。

おれ、人前で絶対手とか繫がないよ？

謎のこだわりを持つ男

男：もし付き合っても、おれ人前で絶対手とか繫がないよ？
女：え？　なんで？
男：だって公共の場じゃん。公共の場でイチャつきたくないじゃん。
女：イチャつくってほどではなくない？ｗ
男：いやキスとかと同じだって。キスの軽いバージョンってだけじゃん。
女：……重く考えすぎじゃない？
男：考えすぎじゃない！
女：……ままま別にいいけどさ。でも自分の希望だけじゃなくて、こっちの希望も通して欲しいよね。
男：そりゃもちろんね、話し合って折り合いつけたらいいと思うよ？
女：うん……。
男：でも手は繫がない。結婚してたらいいけどね。
女：（よーわからん……）。

おれLINE返さないからね

付き合う前に忠告してくる男

男：いや、全然付き合うでいいんだけどさ。
女：うん。
男：大丈夫かなぁ。
女：何が？
男：いや、おれあんまLINE返さないからね。
女：……あんまって？
男：ん〜。1日に1通とか。
女：それはなぁ……。
男：あと電話嫌いだから。
女：電話も？
男：あと会うのも2週間に1回会えたらいいほうかな。
女：……。
男：あと手とか繋がないよ？
女：やめときます。
男：……まぁ、もうちょっと融通きかすけどね。
女：いや、いいです。

「おれ最初に言ったよね!?」てなるやつね

おれん中では会ってるほうだから

過去の自分とだけ比べる男

女：だってさー、2週間に1回ぐらいしか会ってくれないじゃん。
男：でも、おれん中では会ってるほうだから。
女：えー？
男：おれの中ではめっちゃ多いほうだよ。だって今まで付き合った人とは、月1とかでしか会ってないから。
女：そうなの？
男：そうだよ。これ、おれの中でめっちゃすごいこと。革命だよ。
女：革命……？
男：うん、それだけ会いたいと思ってるってこと。逆にそこ自信持って欲しいな。
女：逆に自信……？

まぁ…その人なりにってのも大事だけどに

知らん。キョーミなし

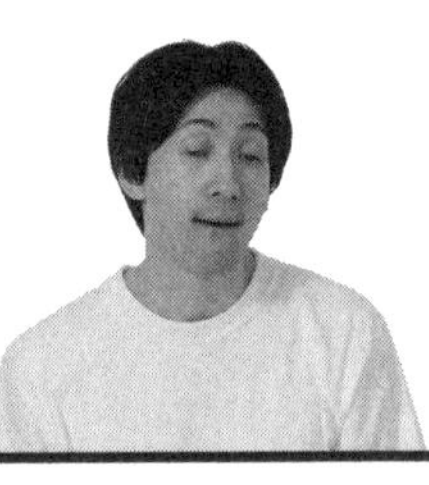

返しが冷たすぎる男

女：ねぇねぇ、あのアニメの、映画化されたやつ観た？
男：**アニメ？　知らん。キョーミなし。**
女：…ちょっとは興味持ってよw
男：**アニメは見ない。**
女：……じゃあ、何観るの？
男：**まぁ洋画かな？**
女：あ〜じゃあ、『ワイルド・スピード』とか？
男：**あれはマジで面白い！　全部観てる！　めちゃくちゃカッコいい上にめっちゃ感動する！**
女：わかる〜！　あれいいよねw
男：**最高よ!!**
女：じゃあ最近のあれは観た？　なんだっけ、宇宙のやつ。
男：**宇宙キョーミなし。リアリティーなし。観る価値なし。**
女：……。

予約しなくてもいけるっしょ、絶対

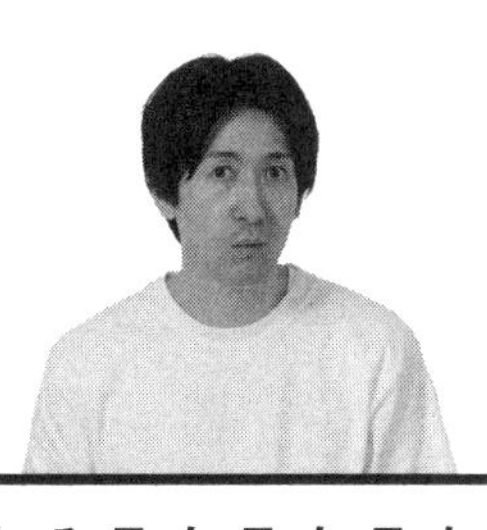

全てにおいて断定した言い方をしてくる彼氏

女：お店って予約してくれた？
男：**してない。**
女：は⁉　土曜だから予約しないと入れないって言ったじゃん！
男：**予約しなくてもいけるっしょ、絶対。**
女：なんで⁉
男：**いやぁ、まぁ、最近あの店人気落ちてきてるし。**
女：なにそれ……⁉
男：**絶対いけるって。**
女：…とりあえず雨降る前に行こ。
男：**雨は降らないっしょ。**
女：予報で降るって言ってるの！
男：**さっき雲見たけど全然降らなそうだったけど。**
女：……。

2人だけどすぐ入れる？

店員にタメ口から入る男

男：混んでるかなぁ？
女：ね〜、どうですかね。
店員：いらっしゃいませ！
男：2人だけどすぐ入れる？
店員：ちょっと今満席でして。
男：どれくらい待つ？
店員：1時間くらいは……。
女：……。
男：あー待てない待てない、やめとくわ。
店員：申し訳ありません。またお願いします！
女：……。
男：どこ行こっか？
女：……すごいちゃんとした店員さんだったね。
男：まぁ仕事だからね。
女：……。

明らかに年上の店員さんにタメ口で行ける人すごいですよね

ん〜何食べようかね〜

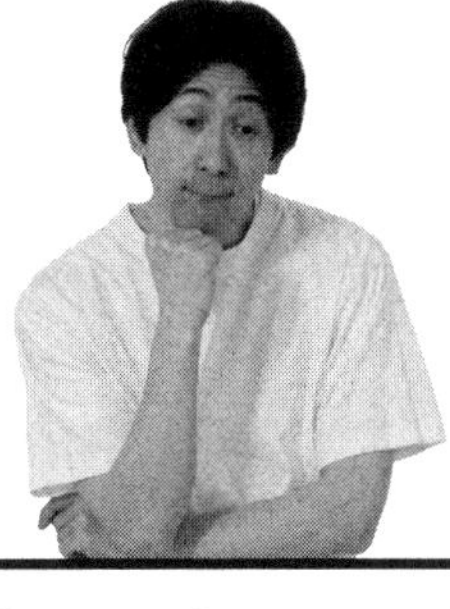

考えてるフリをしてるだけの彼氏

女：ねぇご飯どうすんの？　どこ行くの？
男：ん〜何食べようかね〜。
女：……考てる？
男：考えてるよw　ん〜どうしようかね〜。
女：とりあえずスマホ見るのはやめて。
男：いやいや、店探してんのよw
女：じゃあ、今なんのお店見てたの？
男：ん〜？　あ、あそこは？　いつもの大戸屋は？
女：やっぱ探してなかったじゃん。
男：いや探してたけど、あんまいいとこなかったw
女：（うぜぇ）

ちょっとピリつかせたほうがいいかも

ここらへんを頼むのがコスパいいよ

原価率でメニューを決める男

女：え〜どれも美味しそうだね〜。
男：**肉系行こう、肉系。**
女：あ、お肉も美味しそうだね！
男：**うん。あと、肉系のメニューは原価率が高いからね。お得。**
女：……そうなんだ。
男：**うん。だからここらへんのを頼むのがコスパがいいよ。**
女：コスパ……。
男：**枝豆、お好み焼き、ピザ、ここらへんは頼んじゃダメ。ぼったくりだからw**
女：……そんなことないでしょw
男：**いやほんとほんとw　おれ飲食やってる友達いるからよく聞いてんのよw**
女：……。
男：**せっかくならお得なの行こ？**
女：せっかくなら食べたいの行こ？

大勢で食べてても場がシュンとなる話題出してくる人いますよね

りかちゃんえ〜3651円で

ミスター割り勘パーフェクト

男：**今日は割り勘でいいかな？w　最初だしw**
女：あ、はい、全然いいですよ。
男：**じゃあ、りかちゃん、え〜、3651円で。**
女：え……？　いくらですか？
男：**サン、ロク、ゴー、イチ。**
女：あぁ…ちょっと細かいのがなくて……。とりあえず3000円と……。
男：**はい、3000円もらった。あと651円。**
女：……お店出てから崩してもいいですか？
男：**うん。出たとこにコンビニあるから、そこで水とか買えば？**
女：……そうします。
男：**あ！　めっちゃいいこと思いついた！**
女：はい……？
男：**PayPayやってる!?**
女：やってないです。
男：**あちゃ〜。**
女：……。
男：**ところで、次いつ会える？**
女：もう会えないです。

ガソリン代かかるからさ

ドライブ中、クーラーをつけてくれない男

女：暑くない？
男：**いや全く。**
女：いや暑いよねw　クーラーつけよ。
男：**ダメダメ。**
女：なんで!?
男：**ガソリン代かかるからさ。今ガソリンめっちゃ高いから。**
女：……。
男：**窓開ければよくない？　クーラーの風って体に良くないらしいよ？**
女：この暑さのほうが体に良くないでしょ。
男：**ほら、窓開けたら気持ちいいわ〜。**
女：……ガソリン代は私が払うからつけてよ。
男：**…わかったわかった！　一瞬ね！　一瞬だけね！**
女：（ケチくせぇ）

公園をお散歩とかもいいよね逆に

デートを省エネで済まそうとしてくる彼氏

女：ねぇ今週の日曜どこ行く？
男：**ん～。まぁどこも混んでるよねぇ。**
女：まぁそれはしょうがないよね。映画とかはどう？
男：**うん。悪くないけどね。**
女：悪くない……？
男：**公園をお散歩とかもいいよね、逆に。**
女：それ面倒くさいだけでしょ。
男：**ちがうちがうw　いつもと趣向を変えてだね……。**
女：手を抜き始めたら終わりだね。
男：**バーカw　おれ達まだ始まってもないってw**
女：いっつもその返しだね。
男：……。

だい……じょぶです

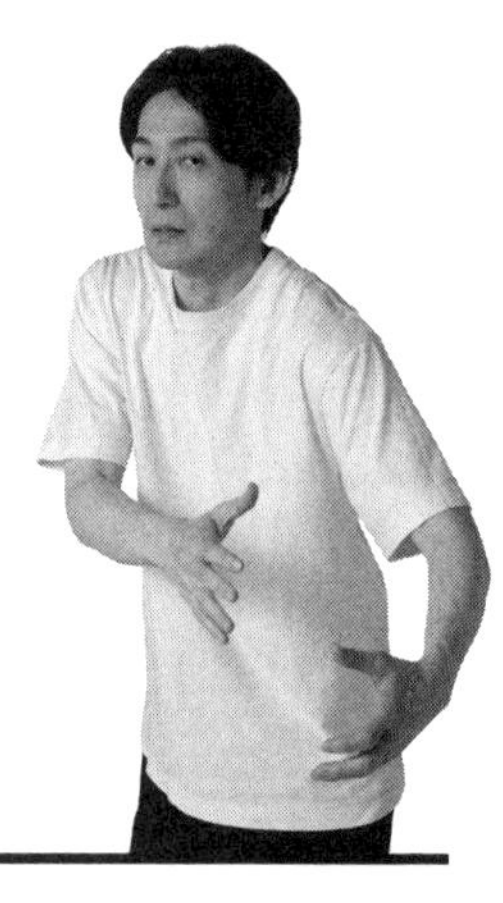

意地でもレジ袋買いたくない男

男：一緒に買うよ。
女：あ、ありがとう！　お菓子いっぱい持ってきちゃったｗ
男：ははは、色々食べたくなっちゃうよねｗ
女：そうなんだよねｗ
店員：こちら、袋はおつけしますか？
男：だい……じょぶです。
女：……!?
男：これを脇で挟んで……。
女：……ねえ、レジ袋もらったら？
男：大丈夫よ、これくらいｗ
女：私買うからさ。
男：いーいー、必要ないｗ　やべっ（落とす）
女：……（付き合ってもずっとこんな感じかぁ）。

600円か……走ろうぜ！

コンビニの傘買うのケチる男

女：よかった〜、まだ傘売ってた。
男：**600円か……。**
女：え？
男：**走ろうぜ！**
女：無理むり！　土砂降りじゃん。
男：**だって高いじゃん？　家帰れば傘あるのに……。**
女：いやしょうがなくない…？　じゃあ、1個だけ買お？
男：**ん〜……。1個だけ買うくらいなら買わなくてよくない？**
女：だって濡れちゃうじゃん。
男：**いや、走ればいけるよ。**
女：走りたくないよ。
男：**たまには走ったほうがいいよ。**
女：……じゃあ私だけ買うね。
男：**……わかったぁ！　買〜う〜よぉ！**

買ったほうが安くない？

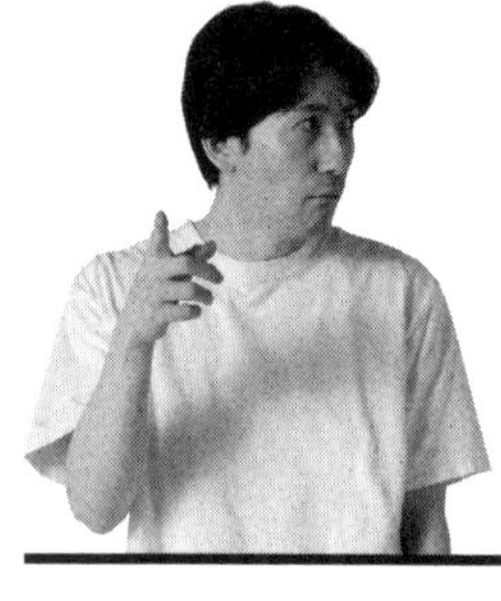

クレーンゲームを否定する男

女：え〜これめっちゃ可愛い〜！
男：**……1回300円もするんだ。**
女：……大きいやつだからね。
男：**しかもこれ、絶対1回で取れないやつだよね？**
女：そうだね、ちょっとずつ動かすパターンのやつ。
男：**え、買ったほうが安くない？**
女：……まぁそれを言ったらさ。
男：**絶対買ったほうが安いよね？**
女：でも取れたときの嬉しさヤバいよ。
男：**いや〜。**
女：あと非売品だったりするから。
男：**ネットとかにあるでしょ。**
女：ネットで買っても嬉しくなくない!?

過程を楽しまない人は、家庭も楽しめない。 なんつって

パンチングマシーンやっていい？

35歳をすぎてなおヤンチャを売りにしてる男

女：あ！　私の好きなキャラのクレーンゲームある〜。
男：**へ〜、これ好きなんだね。**
女：これやろっかな〜。
男：**取ってあげたいけど、得意じゃないんだよねぇ。**
女：そうなんだw
男：**でもこれ、揺らしたら落ちそうじゃね？**
女：何言ってんのw　ダメだよw
男：**冗談冗談w**
女：ははははw
男：**おれ、あれやっていい？**
女：ん？
男：**パンチングマシーン。**
女：……いいよ、やんなくてw
男：**おれ、昔これのランキング載ったことあるから。**
女：……そうなんだ。
男：**めちゃくちゃギャラリー集まっちゃったけどw**
女：ははは……（コイツよく見たら中学生みたいな格好してんな）。

痛ぇw 左で投げたら肩外れそうになったw

ボウリングの調子が悪いと左で投げる男

男：うわぁ…またガターだぁ…。
女：惜しい惜しい！　次は頑張って！
男：ちょ、次おれ、左で投げるわ。
女：え……？
男：せいっ!!　痛ぇw　左で投げたら肩はずれそうになったw
女：……ははは、大丈夫？
男：でも左でも意外と行けるw　次から全部左で投げようかなw
女：…はは。
男：おれ、ボウリングは左のほうが得意かもww
女：……。

なんやかんや女性はロングがいいよ

自分の好みを一般的な意見みたいに言う男

男：あれ？　髪型変えた？
女：うん、ちょっと短くした。変？
男：いや……いいけどね。
女：……「けど」……？
男：まぁでも、なんやかんや女性はロングがいいよ。
女：なんで？
男：男って結局ロングが好きだからw
女：別に男にモテたくてやってないからね。
男：まぁねw　でも、一般論よw
女：……。
男：黒髪ロングね、結局そこに行き着くからw
女：（テメェが好きなだけだろ）

そのへんのアイドルよりよっぽど綺麗ですよ

褒め方が下手すぎる婚活男

男：あ〜、よろしくお願いしますねぇ。
女：よろしくお願いします。
男：あれですねぇ。お写真で見るよりお綺麗ですねぇ。
女：あ、ありがとうございますw
男：ほんとね、そのへんのアイドルよりよっぽど綺麗ですよ。
女：……ははは。
男：いや、ほんとにほんとに。
女：ありがとうございます……。
男：今アイドルって言っても腐るほどいますからね。
女：……そうですよね。
男：ええ、ピンキリですからw
女：「ピン」……。
男：たまに、え!?って思う子もいますからね〜。
女：……。

惜しいちょっとだけ減点w

デートの時なぜか審査員になる男

男：わ、ジュースこぼれちゃった！
女：大丈夫!? あ、私ティッシュ持ってるよ。
男：ほんと!?
女：はいどうぞ。
男：ありがとう、助かる。
女：いいえ。
男：ちなみに……。
女：……？
男：ウエットティッシュは、持ってる？
女：あ〜持ってないなぁ。
男：あ〜残念w　それ持ってたら完璧だったねw
女：完璧……？
男：うん、女子としてねw　惜しい、ちょっとだけ減点w
女：……。
男：へへへw
女：（お前はマイナスだわ）

おー次はうまくいった。ははは合格w

打ち上げ花火になぜか上から目線の男

男：**お〜すごいね。**
女：ね〜めっちゃ綺麗だね！
男：**ん？　あれは……ハートの形になってるのかな？**
女：たぶんそうだね！　ピンク色だし。可愛い〜。
男：**でもちょっと歪んでたねw**
女：あ〜まぁそうだねw
男：**次はしっかり頼むぞーw**
女：……ははは。
（花火が上がる）
男：**おー次はうまくいった。ははは、合格w**
女：（あなた失格）

欲しいなら自分で頼めばいいじゃ~んw

ひと口ちょうだいが通じない男

女：え~！　そのオムライスめっちゃ美味しそうだね！
男：**これ大正解でしょ~。**
女：ねぇ、ひと口ちょうだい？
男：**やだよぉ~w**
女：なんで！？
男：**欲しいなら自分で頼めばいいじゃ~んw**
女：…いいじゃん、ひと口ぐらい。
男：**ダメだよ~、リスクを負ってオムライスに賭けた人しか食えないの~w**
女：……私のハンバーグと交換でいいから。
男：**おれ別にハンバーグいらねぇもんwww**
女：帰ります。

女子は素直に奢ってもらうのｗ

女子を自分の型にハメようとする男

男：**ここ美味しかったね～。**
女：美味しかったですね。
男：**じゃあ、2軒目行こうか。**
女：すいません、ちょっと予定があって……。
男：**こんな時間から!?**
女：そうですね……。
男：**なんだよ、いいバーがあったのにぃ。**
女：また次回お願いします。お会計しましょうか。
男：**あぁ、おれ払っといたからいいよ。**
女：え！　ダメです、払います！　いくらでしたか？
男：**いいからｗ**
女：いえ本当に！　5000円とかですかね？
男：**女子は素直に奢ってもらうのぉｗ**
女：いや……。
男：**笑顔で「ごちそうさまでした」って言ってるほうが可愛いぞぉ～？ｗ**
女：……（お前に貸し作りたくねぇんだよ）。

女子ってこういうの好きだよね

統計で言ってくる男

男：お、お洒落なかき氷屋さんだ。
女：え〜美味しそ〜！
男：……女子ってこういうの好きだよね。
女：え…あんまり好きじゃない？
男：うーん、男はあんまりだよw
女：……そうなんだ。
男：あと、女子って悪口言うの好きだよねw
女：まぁ……ストレス発散にもなるしね。てか、それ女子だけなの？
男：男は悪口言わないよw
女：ほんと……？
男：あと女子って。
女：おまえって主語がデカいの好きだよね。
男：おま、おま、おま、え⁉︎

簡単なものでいいよ。ハンバーグとか

簡単の基準がぶっ壊れてる夫

男：**今日のご飯は何？**
女：あ、ごめん。今日ちょっと疲れたから、どっか外に食べに行かない？
男：**え!? 今から!?**
女：うん。それかUberとか。
男：**あ〜……。なんか、簡単なものでいいよ、ハンバーグとか。**
女：は!? ハンバーグ!?
男：**ちがった？**
女：全然簡単じゃないから！
男：**あ、じゃあもっと簡単なものでいいよ、カレーとか。**
女：何言ってんの？
男：**じゃあ2人で一緒に作る？ 餃子とか。**
女：バカじゃないの。
男：**和食がいいか。ぶり大根とか。**
女：もしもし、マルゲリータピザのLと……。

主婦のフォロワーさんからいただきました

玉ねぎそっち向きで切るんだ

料理手伝わないくせに口出す男

男：**あれ？**
女：ん？
男：**玉ねぎそっち向きで切るんだ。**
女：……なんで？
男：**いや、こういう料理のときはシャキシャキ感残ったほうがいいから、普通は繊維に沿って切るけどねw**
女：文句あるなら自分で切ればいいじゃん。
男：**文句じゃない文句じゃない、アドバイスだからw**
女：よけい腹立つわ。なんで上からなんだよ。
男：**……結局さ、うまけりゃなんでもいいよね！w**
女：だからなんで作り方はミスってる前提なんだよ
男：**包丁こっち向けないで！**

最近はこういう人少ない気はします！

そこ捨てるんだぁもったいいな

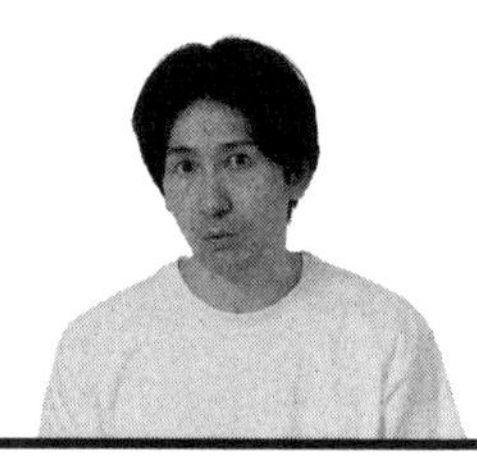

姑みたいな男

男：あれ？
女：ん？
男：そこ捨てるんだぁ……もったいいな。
女：は？
男：いや、そこも全然食べられるでしょｗ
女：じゃ、おまえがやれよ。
男：いやいや、そういうことじゃなくてさぁｗ
女：じゃあどういうことなんだよ。
男：エコじゃん、エコ。エコの話じゃ〜んｗ
女：おまえが1人いなくなるほうが地球的にはエコだけどな。
男：何言ってんの!?

ここホコリあるよ

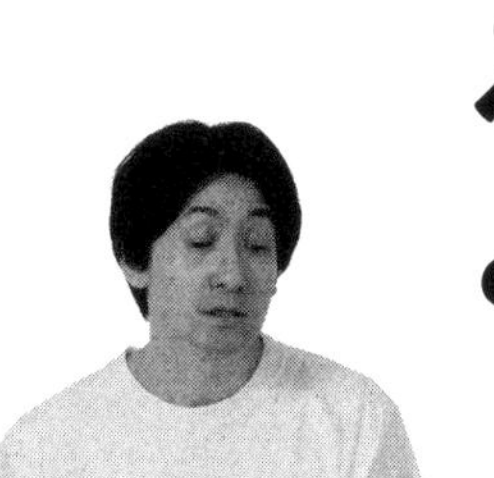

粗探し目的でルームツアーする男

男：へ〜めっちゃお洒落な部屋だね〜。
女：全然そんなことないよw
男：この棚は趣味のところ？
女：そうそう、好きなキャラのフィギュアとか。
男：あ、ここホコリあるよ。
女：……あ、あぁ。そこあんま掃除できてないかも。
男：こういう小さい物がたくさん置いてある所って、掃除怠りがちだよねw
女：「怠り」……？
男：お風呂も見ていい？
女：あ、うん……。
男：お〜綺麗だね〜。
女：ちょっと狭いけどね。
男：綺麗に見えるけど、シャンプーボトルの下はちょっとヌメってるねw
女：（お湯を出す）
男：あっつ!!

サイコ系彼女三部作、完

おれが好きでやってるだけだから

まめすぎて一緒にいて疲れる彼氏

女：ごめんお待たせ！
男：**全然、おれが早く着いただけだから。バッグ持つよ、貸して。**
女：いいよいいよ、大丈夫。
男：**いいから貸して。持ちたい。**
女：……ありがとう。
男：**いつものお店予約したけど大丈夫だった？**
女：予約してくれたんだ、ありがとう。
男：**平日だけど夕飯どきだから、万が一待つことになったら嫌だしね。**
女：…まぁ、他のお店開拓してみるのもいいけどねw
男：**まぁね。にしてもリサーチしてから行きたいよね。**
女：うん……。あ、あとさ、LINEとかそんな急いで返信しなくても大丈夫だよw
男：**気持ち悪いんだよね、早く返さないと。**
女：もうちょっと…雑な感じでも大丈夫だよ、色々w
男：**気にしないで。おれが好きでやってるだけだから。**
女：……（伝わんねーなぁ）。

あんまり頑張りすぎないようにね

優しいけど台本みたいなセリフしか言わない男

男：**最近どう？　仕事は忙しい？**
女：うーん、まぁそこそこかな。
男：**そっか。何かあったらいつでもおれに言ってね。**
女：……ありがと。
男：**あんまり頑張りすぎないようにね。**
女：うん…まぁそんなに忙しくはないけどねｗ
男：**ならよかった。安心した。**
女：……。
男：**そういえば、今年はお花見した？**
女：今年はしてないかな。
男：**来年は綺麗な桜が見れるといいね！**
女：……（ＡＩ？）。

おいで〜よちよち

問題を根本から解決しようとしない彼氏

男：え？　そうだっけ？
女：そうだよ、いつも私から「会おう」って言ってるじゃん！
男：そっか……それは……。
女：……。
男：さみちかったね〜。
女：……？
男：おいで〜よちよち。
女：あ、ちがうちがうちがう。
男：機嫌なおちてね〜。
女：いや機嫌とかで言ってるんじゃなくて。
男：ちゅきだよ〜、ちゅきだからね〜。
女：……。（ダメだコイツ）

明日も早いんでしょ？もう寝なぁ

寝させようとするけど本当は自分が寝たい彼氏

（電話で話している）
女：でね、部長がめっちゃ嫌な言い方してきてね……。
男：**うんうん、あのー。ちょっと待って。**
女：ん……？
男：**明日も早いんでしょ？　もう寝なぁ？**
女：えっ、全然大丈夫。眠くないもん。
男：**でもさ、明日仕事中に眠くなっちゃうよ？**
女：……自分が寝たいだけじゃないの？
男：**……。**
女：でしょ？
男：**……ちがうよw　そんなわけないじゃんw　おれはね？　体が心配だから言ってるんだよ。**
女：だから体は大丈夫だって。
男：**……そっか。**
女：続けるね、でね。
男：**あ、わ、電波、わる、ちょ、ごめ、プーッ、プーッ（切れる）**
女：おい!!

本当は自分が…パターンって結構ありますよね

新宿って渋谷？

浮気を疑われると急にバカになる彼氏

女：私の友達がさ、あんたが女と歩いてるの見たって。
男：**ん⁉　え、おれが⁉　女の子と⁉**
女：うん。
男：**どういう？　なんだろ……並走してたとか？**
女：は？
男：**いや、たまたま知らない女性と歩くスピードが一致して……。**
女：そんなわけないでしょ。浮気した？
男：**してないしてないｗ　ごめん、それいつ？**
女：１週間前。
男：**１週間ってことは、７日前？　……どこで？**
女：新宿。
男：**新宿……？　新宿って、渋谷？**
女：は？　何言ってんの？
男：**あぁ、新宿は新宿か。**
女：……。
男：**新宿ってあの新宿だよね？　大都会の。**
女：クロだね。

その間に言い訳を考える

楽屋の嫌な男あるある

あいつらバケモン。ここにいる奴らみんな芸人辞めた方がいいよ

人気テレビ番組の収録から帰ってきた男

男：お疲れ。

芸人：お〜お疲れ！　収録どうだった!?

男：あいつらバケモン。

芸人：え……？　あ〜やっぱあの人たち面白いもんな〜。

男：ここにいる奴らみんな芸人辞めたほうがいいよ。

芸人：…いやいやw

男：いやマジで。やってても意味ない。一生追いつけないから。

芸人：……おれ、出番だから行ってくるわ。またあとで聞かせて。

男：普通のネタやっても意味ねぇーぞ！　なんか変えないと！

芸人：……。

一旦座ろ？

おれ、あそこ大丈夫だった？

明らかにウケたのに確認してくる男

男：ねぇねぇ、さっきのライブのコーナーあったじゃん？

芸人：あー、うんうん。

男：おれ、あそこ大丈夫だった？　モノボケのところ。

芸人：え？ いやめっちゃウケてたじゃん。

男：あ、マジで？　いや、でも流れ的に、おれがウケていいところだったかな？

芸人：いや何でもいいでしょ、あれだけウケれば。

男：え、そんなウケてた？

芸人：……うん。一番ウケてたんじゃない？

男：マジか。馬の被り物してたからわからんかった。

芸人：…なるほどね

男：ありがと！

芸人：おう…。

男：あ……。

芸人：ん？

男：お前のモノボケもめっちゃ面白かったよ、おれは。

芸人：……。

今日なかなか帰らないパターンだに

はっはっは……あ！ 今の感じ撮ってもいい!?

なんでもあるあるネタにしようとする男

男：あれ？　おまえらって何期生だっけ？
後輩芸人：僕ら22期ですね。
男：あ、22か。じゃあ世間知らズとかは……？
後輩芸人：世間知らズさんが19期なんで、3期上ですね。
男：あーなるほどね。
後輩芸人：先輩は13期生ですよね？
男：そうそう。だから解散しちゃったけど、ピスタチオとかと同期。
後輩芸人：あ～なるほど。
男：てかさ、この「何期だっけ？」って確認するの、あるあるだよなw
後輩芸人：確かにw　ははは。
男：はっはっは…あ！　今の感じ撮ってもいい!?
後輩芸人：え…？　いいですけど……。
男：『情報交換でしか後輩と喋れない先輩』ってタイトルで！
後輩芸人：悲しくないですか!?

悲しいです

あいつらの面白さが全くわかんねぇんだけど

勢いのある若手を認めない中堅芸人

男：あいつらさぁ、最近めっちゃ出てるよな。
後輩芸人：あ～、あいつら面白いっすよね！
男：え、マジで？　おれ、あいつらの面白さが全くわかんねぇんだけど。
後輩芸人：あ～。…まぁ確かに、今までにいなかったタイプですよねw
男：いなかったっていうかさ、あえて誰もやってなかっただけというか。
後輩芸人：…ははは。でもそれをあのクオリティーでやり切るの、凄くないすかw
男：あー、…なるほどね。そういう笑いか。
後輩芸人：…おれは好きっすけどねw
男：いや、おれも好きなんだけどね！　人としては！
後輩芸人：……。

終わりの始まりです

15分もあるじゃん。寝よ

寝れるときに寝ときたい男

男：あれ？　次のライブって何時からだっけ？
芸人：もうすぐじゃない？　えーっと…17時からだね！
男：いや、あと15分もあるじゃん。寝よ。
芸人：お、おう……。
男：始まったら起こしてくんない？
芸人：…おけ。
男：あ～！　なんかずっと首いてぇ～！
芸人：……。

本当に忙しい人は黙って寝ます

おわりに

嫌な男あるある、全200ネタいかがでしたか？

読んで気づいた人もいるかと思いますが、身近にこういう人がいるなっていうのと、意外と自分でも言っちゃってる、やっちゃってるっていうネタもあったのではないでしょうか。

109ページに「彼氏と深い話できてる？」というネタが出てきますが、実はこれ、僕がリアルによく言うフレーズなんです。飲みながらぶっちゃけ話をしたり、相手に「本当はこう思ってるでしょ？」って掘り下げたり、発見したり。Youtube動画のサムネにも3回ほど使ったくらい。結構好きなフレーズであり、そんな話ができるのも自分の強みだと思っています。

ただ、「深い話」って言うとちょっと大げさに聞こえるので、「今どんなことを考えながらやってんの？」とか、言葉巧みに形を変えて質問しています。中にはそういう話をしたがらない人もいるし、深い話ばかりだと雰囲気が暗くなるのもわかるようになってきたので、割合には気をつけています。以前の自分と比べてずいぶんと相手を観察して、客観的に周囲を見られるようになった気がしています。

僕みたいな芸風のタイプは、芸人としてネタを作ることは、自分と向き合うことでもあるんです。嫌な男のネタを考えていくうちに、考えれば考えるほど自分が見えてきたり、人の気持ちがわかるようになってきたり。人に気を遣うにしても、正しい気の遣い方になってきた感じはしています。

僕のYoutubeのコメント欄には、登場人物のキャラクターを分析したり、自分はこう思うとか長文のコメントを書いてくれたりしてくれる視聴者さんが多いんです。読んでいて面白いし、動画を見て自分のことを考える時間につながっているかと思うと嬉しいんです。

この本もそれと同じく、嫌だなと思う人って実は遠い存在じゃない、みんな同じ仲間だと思ったら多少は気持ちも楽になるのではないかと思っています。本書もそんな風に役立ててもらえたら嬉しいです。

自分を振り返るといえば、もうひとつ。NSC在籍中に中学校の友達と会ったんです。その子は僕のひょうきんな時を見てるので、

「あんな感じで人のモノマネやったほうがいいんじゃない？」

と、友近さんやフルーツポンチさんのようなネタを勧めてくれたことがありました。その時は「いや、レベルが違うから」、「自分には向いてない」って言ってたんですけど、今思えばこれが自分に合ってましたね。

僕のあるあるネタを又吉さんに褒めてもらって、村上さんのライブでやるようになったのが33歳。それ以降は、ほとんどあるあるネタだけでやってるようなものなんですけど、自分の武器を33歳で見つけるってだいぶ遅いですよね。でも、見つかったのは遅かったものの、ネタは人の心情だったりするので、バイトで苦しんだ経験がいま返ってきた感じはしています。

この先の将来について、特に大きな夢や目標はありませんが、人間観察とか少しだけ秀でている自分の特性をさらに伸ばしていければと思っています。

今は元彼を演じるとたくさんの反響をいただくのですが、これから顔が老けてきたらもっとおじさんキャラにも挑戦してみたいです。可愛くて憎めない、そんなおじさんキャラが板につく日が来ることを自分でも楽しみにしています。

２０２３年12月　たつろう

嫌な男あるある

じわじわムカつく言葉200

2023年12月13日 初版発行

発行人　藤原寛
編集人　新井治

発行　ヨシモトブックス
〒160-0022
東京都新宿区新宿5-18-21
TEL：03-3209-8291

発売　株式会社ワニブックス
〒150-8482
東京都渋谷区恵比寿4-4-9　えびす大黒ビル
TEL：03-5449-2711

印刷・製本　シナノ書籍印刷株式会社

Printed in Japan
ISBN 978-4-8470-7366-3

デザイン　尾崎行欧　安井彩（尾崎行欧デザイン事務所）
撮影　小笠原真紀
ヘアメイク　伏屋陽子（ESPER）　須藤鈴加
編集＆取材協力　田幸裕実
編集　馬場麻子（吉本興業）
営業　島津友彦（ワニブックス）
制作協力　遠部友佳里（吉本興業）